魔女の12ヵ月

飯島都陽子　著・絵

山と溪谷社

はじめに

子供のころに読んだ物語に登場する魔女たちは皆、

強烈な印象で私の記憶のなかに存在しています。

魔女とは、いったいどんな人だったのでしょう。

魔女の歴史をたどってみると、その成り立ちは民間伝承による複雑怪奇で

曖昧な存在であって、実体を捉えることは大変難しいことがわかります。

しかし、私の心のなかでは確かなものとして

生き生きと存在しているのです。

*

むかし、魔女は森と村の境目に住んでいました。

糸を紡ぎ、機を織って、月の暦に従って薬草を採りに森へ入り、

その薬草を使って村の人々の苦しみや病を癒してきました。

森と村の境目はまた、あの世とこの世の境界でもあり、

魔女は目に見えない向こうの世界へ行き来できる自由な存在でした。

薬草の才に長けていた魔女たちは、自然の声を聞くのが上手で、

自然を深く観察して、自然の大きな力を感じ取り共鳴できる

特別なエネルギーを持っていました。

空を飛び回る自由な心と、

自然を見つめる繊細で厳しい目、

これこそが、魔女にとって必要不可欠な条件です。

*

本書は、魔女の暦を通して魔女の12ヵ月の生活を記してみました。

なるべく多くの資料をもとに、私なりに想像力を膨らませ、

今の私たちの生活にも生かせるように構成してあります。

21世紀、魔女は本当にいなくなってしまったのでしょうか。

あなた自身の心のなかに、そして隣にいる人の心のなかに、

ひっそりと、住んでいるかもしれない魔女の心を感じてみてください。

もしかして、あなたは明日、魔女かもしれません。

飯島都陽子

はじめに 002

Contents

1. January 009

季のことば 011

* 1月の祭り 012
ミスルトー採取の儀式・
ヴェファーナの祭り
ミスルトー採取の儀式 013
ドルイド僧 014
ローマの子供たちの楽しみ
「ヴェファーナの祭り」 015

* 1月のとっておきのハーブ 016
不思議な霊草 ミスルトー
不思議な生い立ち 017
女神フリガの涙 017
抜き身の刀でさまよう森の王 018
ミスルトーの木の下で 019
ミスルトーの使いみち 019

* 1月のおいしい魔女のレシピ 020
焼きリンゴ
リンゴ酒

* 1月の魔女の手仕事 022
魔除けのポマンダー作り

* 1月の魔女のお茶時間 023
ジンジャーティー

column 心の旅 023

2. February 025

季のことば 027

* 2月の祭り 028
イモークの祭り・ブリギットの祭り
女神ブリギット 029
心と身体の大掃除をする時 029

* 2月のとっておきのハーブ 030
魔除けの草 ネトル
呪いを解く力 031
ネトルの使いみち 032

* 2月のおいしい魔女のレシピ 033
愛のオムレツ

* 2月の魔女の手仕事 034
デトックスオイル作り

* 2月の魔女のお茶時間 035
愛のお茶 "ローズティー"

column バレンタインデーそもそも 035

3. March 037

季のことば 039

* 3月の祭り 040
イースターの祭り・春分の日
薬草集め 041
バランスの時 041

* 3月のとっておきのハーブ 042
禁断の草 ラプンツェル
禁断のハーブ 043

* 3月のおいしい魔女のレシピ 044
イースタービスケット
ラプンツェル上のパンパーディ

* 3月の魔女の手仕事 046
イースターエッグ作り

* 3月の魔女のお茶時間 047
デトックスハーブティー

column ギックリ腰 047

4. *April* 049

季のことば 051

＊4月の祭り 052
ベルテーンの祭り
魔女祭り"ヴァルプルギスの夜"
妖精たちもやってくる 054
ブロッケン山 055
4月30日 ドイツ・シールケの魔女祭り 056

＊4月のとっておきのハーブ 058
解毒の草 ルー
英雄とルー 059
ルーの使いみち 060
魔女キルケー 061

＊4月のおいしい魔女のレシピ 062
カエルの卵のスープ
目玉のサラダ

＊4月の魔女の手仕事 064
魔除けのサシェ作り

＊4月の魔女のお茶時間 065
はちみつ酒

column 邪眼 059
column タッジー・マッジーって何？ 061
column 不可思議なもの 065

5. *May* 067

季のことば 069

＊5月の祭り 070
メイデー
メイポール（五月柱） 071
緑のご馳走 072
地の精霊を目覚めさせ愛を育むダンス 073

＊5月のとっておきのハーブ 074
なだめ草 ディル
ディルの使いみち 075

＊5月のおいしい魔女のレシピ 076
緑のペパーミントライス
簡単でおいしいディルソース
緑あふれる5月のサラダ

＊5月の魔女の手仕事 078
愛を育むシューズキーパー作り

＊5月の魔女のお茶時間 079
メイ・ドリンク（メイデーの飲み物）

column 緑の魔力 079

6. *Jun* 081

季のことば 083

＊6月の祭り 084
リサの祭り・夏至の日
夏至の薬草採り 085
幸せな花嫁ジューンブライド 086
自然と自分を調和させる 087

＊6月のとっておきのハーブ 088
記憶の草 ローズマリー
結婚のハーブ 089
ウェディングストローイング 090
ローズマリーの使いみち 091

＊6月のおいしい魔女のレシピ 092
ローズマリーのハーブビネガー
ラムチョップのローズマリー風味

＊6月の魔女の手仕事 094
愛を誘うピロー作り

＊6月の魔女のお茶時間 095
サマーワイン

column 雨上がり 095

Contents

7. *July* 097

季のことば 099

✻ 7月の祭り 100
ラベンダーの儀式

✻ 7月のとっておきのハーブ 101
香りの庭の女王 ラベンダー

✻ 7月のおいしい魔女のレシピ 102
ラベンダーの砂糖漬け
ディルの香りの爽やかマリネ

✻ 7月の魔女の手仕事 104
ラベンダースティック作り

✻ 7月の魔女のお茶時間 105
ラベンダーカルピス

column 入浴効果 105

8. *August* 107

季のことば 109

✻ 8月の祭り 110
ルーナサの祭り・
ラマス（パンの祭り）
不要なものを捨て、
自身の実りに集中する 111

✻ 8月のとっておきのハーブ 112
魔女のほうき草 ブルーム
魔女の飛行の秘密 113

✻ 8月のおいしい魔女のレシピ 114
ミントシャーベット
バジルペースト

✻ 8月の魔女の手仕事 116
魔女のほうき作り

✻ 8月の魔女のお茶時間 117
スパイスホットハーブティー

column ほうきの魔力 117

9. *September* 119

季のことば 121

✻ 9月の祭り 122
マーボンの祭り・秋分の日

✻ 9月のとっておきのハーブ 123
長寿の草 セージ

✻ 9月のおいしい魔女のレシピ 124
白いキノコのピクルス
〈白いキノコのピクルスを使った料理〉
ホタテのスパゲッティー

✻ 9月の魔女の手仕事 126
セージのうがい薬

✻ 9月の魔女のお茶時間 127
バランスを整えるハーブティー

column 魔女の椅子 127

10. *October* 129

季のことば 131

＊10月の祭り 132
サーオインの祭り（魔女の大晦日）・
ハロウィン
三つの顔を持つ女神 133
ハロウィンそもそも 134
「ハロウィン」名前の由来 134
カボチャのランタン
「ジャック・オ・ランタン」 134
魔女やお化けがやってくる 135
ハロウィンキャンディー 135

＊10月のとっておきのハーブ 136
聖なる魔法草 ヴァーベイン
媚薬、愛の草 137
軍使が携える和解の証し 137
ヴァーベインの使いみち 139

＊10月のおいしい魔女のレシピ 140
ソウルケーキ
パンプキンスープ

＊10月の魔女の手仕事 142
魔女の帽子作り

＊10月の魔女のお茶時間 143
ハーブティーをどうぞ

11. *November* 145

季のことば 147

＊11月の祭り 148
サーオインの祭り（魔女の正月）
サーオインのまじない 149
自分自身をみつめる 150

＊11月のとっておきのハーブ 152
魔女の木 エルダー
アンデルセン物語
「エルダー（ニワトコ）おばさん」 153
エルダーの使いみち 154
エルダーの精霊 155

＊11月のおいしい魔女のレシピ 156
ローズヒップのジャム
サーフケーキ

＊11月の魔女の手仕事 158
キャンドル作り

＊11月の魔女のお茶時間 159
風邪に効くハーブティー

column 蜘蛛の由来 151
column 魔女の力 159

12. *December* 161

季のことば 163

＊12月の祭り 164
ユールの祭り・冬至の日
ユール・ロック 165
自己の探求 165

＊12月のとっておきのハーブ 166
不思議な伝説を持つ クリスマスローズ
クリスマスローズの使いみち 167

＊12月のおいしい魔女のレシピ 168
クリスマスプディング
ユールドールクッキー

＊12月の魔女の手仕事 170
魔除けのリース

＊12月の魔女のお茶時間 171
ミルク酒

column 煙突 171

おまけに 172
あとがき 174
参考文献 175

〈レシピの見方と使い方〉
＊計量の単位は、1カップ＝200ml、大さじ1＝15ml、小さじ1＝5mlです。
＊本書で紹介しているエッセンシャルオイルを使ったマッサージやハーブ
ティーは、体質によっては体に合わないこともありますので、異常がみら
れる場合は使用を停止し、各種症状、疾患のある人は、医師の指示に従っ
てください。本書の著者ならびに出版社は、使用に関して生じた一切の損
傷や負傷、そのほかの責任は負いません。

1.

January

01
02
03
04
05
06 ミスルトー採取の儀式、ヴェファーナの祭り
07
08
09
10
11
12
13
14
15
16
17
18
19
20
21
22
23
24
25
26
27
28
29
30
31

※ **1月の祭り**
　ミスルトー採取の儀式
　ヴェファーナの祭り

※ **1月のとっておきのハーブ**
　不思議な霊草 ミスルトー

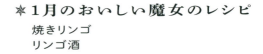

※ **1月のおいしい魔女のレシピ**
　焼きリンゴ
　リンゴ酒

※ **1月の魔女の手仕事**
　魔除けのポマンダー作り

※ **1月の魔女のお茶時間**
　ジンジャーティー

〜季(とき)のことば〜

冬枯れ
霜
雪
氷
冬の星座
自分探求の心の旅

荒涼とした冬枯れの景色、寒くて厳しい冬の到来です。
魔女たちは自分自身を知るために心のなかに分け入り、
己を探求する旅をします。一方、夜の野外では冬の星座を観察し、
自分と宇宙とのつながりを考えます。

✴ 1月の祭り

ミスルトー採取の儀式・ヴェファーナの祭り

一面の銀世界、凍てつく夜の森では、聖なる木オークに宿る
ミスルトーを採取する厳かな儀式が行われます。
ミスルトーは幸せをもたらし、子宝を授け、万病の薬と信じられた聖なる植物です。

女性のドルイド僧も
いたといわれている。

　紀元前一千年ごろ、中央ヨーロッパ全域とブリテン島に定住していた古代民族ケルト人が最も尊んでいた植物がミスルトー（セイヨウヤドリギ）です。ケルト族の宗教を司るドルイド僧は、年に一度の特定の日（1月6日）に黄金の鎌でオーク（ヨーロッパナラ）の木に宿るミスルトーを切り落とす儀式を行っていたと伝えられています。

　それというのも、オークの木は自然界における「神聖」を表していて、内なる世界への入り口、神の国への通り道、そして、神々の神意を人々に伝える聖なる木と考えられていたからです。特にオークの木にミスルトーが宿るのはまれで、ケルトの人々は特別霊力が強いと感じて神聖視したのです。

　ミスルトーを飲み物に混ぜて飲むと不妊に効き、すべての病を治し、幸運をもたらすと信じられていました。それはミスルトーの特別な生い立ちによるものと思われます。冬になって親木であるオークの木が枯れても、青々と茂るミスルトーに不思議な力が宿ると考

えたのでしょう。ケルトの知恵を伝承したと思われる魔女たちもまた、ミスルトーを聖なる魔法草と信じさまざまな治療に役立てたと思われます。

ミスルトー採取の儀式

ドルイド僧は宇宙の複雑な動きによりさまざまな儀式を執り行います。特に月の運行を重要視し、月齢6日目の月は、十分な力を蓄えていると信じられていました。1月6日の夜、オークに宿ったミスルトーを採取するため、2頭の白い牝牛を犠牲にし、オークの木に捧げ、その下で饗宴が開かれます。

白い衣をまとったドルイド僧は、木に登って黄金の鎌でミスルトーを採取しますが、切り落とす際、枝は決して地面に触れてはなりません。なぜならば、地面に触れると神聖な枝は穢れて効力がなくなってしまうからです。そのため地上と木の間には白い大きな布が張られ、その枝を受けとめます。集められたミスルトーは、ドルイド僧によって大切に保管され、特別な日に人々に配られます。

ドルイド僧

　ドルイド僧は古代ケルト族で最も力のある宗教家であり、詩人、天文学者です。そして、超自然界をも支配する王と対等、あるいはそれ以上ともいわれる存在です。大いなる自然から得たとされる膨大な知識は、文字に頼らず口承口伝で受け継がれました。そのため、彼らの儀式や習慣を知る手がかりは失われ、ローマの『ガリア戦記』（紀元前1世紀）によりわずかに知るのみで、その実態はよくわかっていません。

　ドルイド僧は、オークの木とそれに生ずるミスルトーを至上の神聖物として崇拝し、オークの森を神聖な場としていたようです。ドルイドという名は、ギリシャ語でオークの木の意味（ケルト語のオーク「daur」はギリシャ語のオーク「drus」を意味する）です。ドルイド僧によると、オークの木に生ずるものはすべて天から贈られたもので、オークは神が選んだ木と考えました。ドルイド僧は、アイルランドの神話伝承にたびたび登場し、魔女の女神ブリギットはドルイド僧の家に生まれ、育てられました。いずれにしても偉大な力と知識を持ち不思議な能力を備えた特別な存在であったことは間違いありません。

1.

ローマの子供たちの楽しみ
「ヴェファーナの祭り」

古代に生きたドルイド僧より、ずっと時代を下った同じ1月6日、ローマに伝わるこんな魔女の祭りがあります。「ヴェファーナ」は女性の名前で、魔女だったといわれています。キリスト誕生の際、東方より三博士が黄金や高価な香料を持って、はるばる嬰児を祝福するためにやってきますが、道がわからずヴェファーナに道を尋ねました。彼女は嘘をついて違う方向を教えます。しかし、その後、彼女は大いに後悔し、その罪滅ぼしとしてサンタクロースのように子供たちにプレゼントを配ってまわったということです。

1月6日の朝、子供たちが目を覚まして台所に行くと、テーブルの上は砂糖壺がひっくり返り、床は散らかり、夜のうちにヴェファーナに用意したワインは飲みほされて空っぽ。そしてテーブルの上には、ヴェファーナからの素敵なプレゼントが置かれるそうです。そんなわけで、ローマの子供たちは、この時期、サンタクロースとヴェファーナから2度プレゼントをもらえるというのです。別の説ではサンタクロースと一緒にプレゼントを配るともいわれています。

✡1月のとっておきのハーブ

不思議な霊草 ミスルトー

和名／セイヨウヤドリギ　学名／*Viscum album*

常緑で、流れるような美しい枝葉はヨーロッパでは古代より信仰の対象でした。
病の万能薬、黄金のありかも示す幸運の力があると信じられてきました。

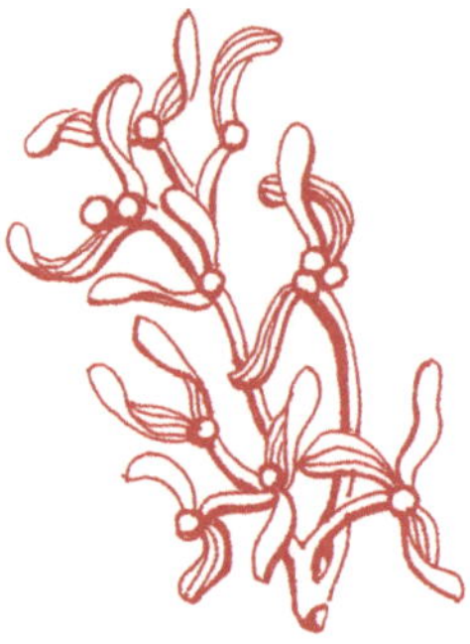

すっかり葉を落とした冬の林、ふと見上げた木の枝股に鳥の巣のような緑色の茂みを見つけることがあります。枯れ木に青々と茂るその植物はミスルトーという半寄生木で、西洋では古来よりとても重要視された聖なる植物です。分布は広く、ヨーロッパ全域から西アジアに生育し、日本でも身近に見ることができます。

西洋で魔除けといわれる薬草は数知れずありますが、ミスルトーほど特別視され、崇められた植物はほかにありません。特に古代ヨーロッパのケルト族の人々にとっては、特別霊力が強いと信じられ神聖視されました。その枝は不老長寿の万能薬、魔除けとなり、火事を避け、願い事を叶え、黄金のありかを示し、幸福をもたらすと信じられてきました。流線型のエレガントな葉の形状はフランス19世紀末、アールヌーボー時代のデザインにも盛んに使われ、そのデザインの美しさを際立たせています。

不思議な生い立ち

ヨーロッパのさまざまな地域で、なぜミスルトーが特別な木として神聖視されるのかは、ミスルトーの美しい形状やその不思議な生い立ちにあるようです。

植物は基本的に土から芽を出し生育しますが、ミスルトーは少し変わっていて、土から生えずほかの植物に寄生して育つ半寄生植物です。つまり土や水に直接触れることなく宿主の木に宙に浮いた形で生育します。しかも厳しい冬、宿主の木は色を変え、落葉するのにもかかわらず、ミスルトーは枯れずに緑の葉を青々と茂らせ、おまけに乳白色の美しい実をつけるのです。このような生態と強い生命力に古代ヨーロッパ人はよほどの霊力とパワーを感じたに違いありません。

女神フリガの涙

北欧神話では、ミスルトーは光と喜びの神「バルディス」の象徴であり、ミスルトーのなかにバルディスの命が存在するといわれています。なぜなら、不老不死の神であるはずのバルディスは、ミスルトーの枝で命を落とすことになったからです。

神々のなかでも嫉妬深く悪評高いロキは、皆に愛されているバルディスを心憎く思っておりました。あるとき、神々は不老不死のバルディスに槍や矢を投げて遊んでいましたが、ロキはミスルトーの枝がバルディスの致命傷になると知ると、盲目のヘデルにミスルトーの枝で作った弓矢を持たせバルディスが立つ方向を教えます。ヘデルにより放たれた矢は、バルディスを

射抜き、バルディスはその場にどっと倒れます。あたりは暗くなり神々はうろたえ、深い悲しみに包まれます。麗しくも愛情深い女神フリガは、息子の死に毎日涙に暮れたそうです。ミスルトーの真珠のような美しい実は、息子を喪った悲嘆の涙であり、再生した息子に歓喜したフリガの涙と伝えられています。

抜き身の刀でさまよう森の王

イタリアには、ミスルトーにまつわるこんなお話があります。男なら誰でもなれるという「森の王」。彼は豊穣と狩りの女神ディアナに司える祭司ですが、絶えず抜き身の刀を持って森をさまよい、森の王である自分自身を護らなければならない運命にありました。なぜなら王になりたい者は、王を殺さなければならず、その前にはまず、森のなかにある特別な枝を折らなければならないという掟があったからです。その枝こそがミスルトーでした。王は枝を折られないように、抜き身の刀を持ったまま昼夜を問わずミスルトーを見張っていたというわけです。

1.

ミスルトーの木の下で

イギリスにはクリスマスにこんな習慣があります。緑の少ないこの時期、生き生きと茂るミスルトーの枝葉は、永遠の生命の象徴として人々に希望を与えるものとして、嬰児の誕生を祝いミスルトーを飾ります。その飾られたミスルトーの枝の下では、誰にでもキスをしていいという言い伝えがあります。というのも、その場所は愛の女神フリガに守られているからというお話です。

ミスルトーの使いみち

不老長寿の万能薬としてヨーロッパでは古くより、あらゆる病の治療に役立てたといわれるミスルトー。古代ローマ時代の博物学者プリニウスが著した『博物誌』によれば、癲癇(てんかん)を治し、女性が持っていれば受胎し、腫れものをなくすとあります。今日では、動脈を拡張させて血圧を下げる働きや、神経系の鎮静効果があることがわかっています。日本でも最近は12月ごろの生花店で、クリスマス用の飾りに実をつけたミスルトーを見かけることがあります。不思議な植物なので目を引きますが、美しい白い実は冬の鳥たちには格好のご馳走ではあっても、人には毒性があるといわれますので、くれぐれもご注意を。

✴1月のおいしい魔女のレシピ

冬の夜は、身体が芯から温まるリンゴ酒やデザートがあると嬉しい！
作る気分はすでに魔女。ぐつぐつ、ぐつぐつ…、ぶつぶつ、ぶつぶつ…。

焼きリンゴ

あつあつをフーフーしながら…

材料（4人分）

りんご（できれば紅玉）……4個
バター……100g
砂糖……100g
シナモンパウダー……小さじ3〜4
ローズゼラニュームの葉（あれば）
……4枚

作り方

①下準備をする。リンゴはよく洗ってスプーンで芯をくり抜く。ローズゼラニュームの葉をよく洗っておく。オーブンを中火に温めておく。
②ボウルにバター、砂糖、シナモンパウダーを入れてよく練り合わせる。
③❶で芯をくり抜いたリンゴの穴に❷をたっぷり詰める。
④オーブンの天板にローズゼラニュームの葉を敷いて❸のリンゴを並べ、30分焼く。

オーブンに入れて
リンゴがしわしわになったころが
食べごろ！

1.

リンゴ酒

中世料理本のアレンジ

材料(5人分)
リンゴジュース……2カップ
赤ワイン……3カップ
しょうがのスライス……4片
シナモンスティック……1本
タイム、ナツメグ……少々
ドライバジル……小さじ1/2

作り方
①鍋にバジル以外の材料を入れ、弱火で静かに4分ほど煮る。
②鍋からシナモンスティックを取り出し、折って人数分の耐熱グラスに分け入れる。
③❶をそそぎ、バジル少量ずつをふりかければできあがり!

Point

中世ヨーロッパ、人々は寒いこの時期、再び春がめぐりやってくるように"木々に乾杯"という儀式を行います。大きな木の周りで足を踏み鳴らしダンスをしながらリンゴ酒を飲み、木々に感謝し、今年も収穫があるようにと願うのです。

☀ 1月の魔女の手仕事

ポマンダーは中世ヨーロッパで、貴族や僧侶など身分の高い人々が
ステータスシンボルとして、また、疫病の感染を防ぐため持ち歩いた魔除けです。
当時はオレンジもクローブもとても高価なものでした。

魔除けのポマンダー作り
乾燥して寒い時期が作り時。腐ったりする失敗が少ない

用意するもの
オレンジ……1個
クローブ……25〜30g
リボン……約1m
紙テープ（リボンと同じ幅のもの）……60cm
ポマンダーパウダー
　（シナモン、ナツメグ、ジンジャー、
　　ニオイアヤメのパウダーのミックス）
　……大さじ2
爪楊枝……1本
マスキングテープ

作り方
①オレンジに紙テープを十文字に巻き、マスキングテープを使い仮止めする。
②爪楊枝でオレンジに穴をあける。その穴にクローブを刺していく。
③十文字を残してクローブをすっかり刺し終えたら、ポマンダーパウダーの上を転がし香りをつける。
④紙テープを外して、リボンを結び、日の当たらない風通しのよい場所に吊るし、乾燥させる。数年間は香りを楽しめる。

✲1月の魔女のお茶時間

寒さで縮こまった身体を温かい飲み物でやんわりほぐしてみましょう。
ひと口飲むと、不思議に心もやわらかくなってきたみたい…。

ジンジャーティー

しょうがやシナモンは血行をよくして身体を温め、風邪予防にも効果的

材料(2人分)
水……2カップ
シナモンスティック……1本
しょうが……1片

作り方
①しょうがは半分を薄切りにして残りはすりおろす。
②鍋にすりおろしたしょうが以外のすべての材料を入れて20分くらい中火で煮る。
③シナモンとしょうがの薄切りを取り出し、すりおろしたしょうがを入れてできあがり。熱いうちにどうぞ。

column

心の旅

　多忙な毎日、自分自身の心の声に耳を傾けることは、なかなかできません。魔女たちは1月を心の旅の時としています。冬の夜長、静かに座って自分の呼吸「吸う」「吐く」に集中し、瞑想します。意識はハッキリしていても半分寝たような状態が瞑想です。20分ほど瞑想すると、頭も心もスッキリ！　心の整理もでき、新しい気持ちになります。呼吸を意識的に行うことによって無意識の層、精神面に働きかけるのです。魔女たちはそのまた奥深く己の探求をするのでしょう。心の旅とは、静かに立ち止まって心を自由にすることなのかもしれません。

024

2.
February

01 イモークの祭り、ブリギットの祭り
02
03
04
05
06
07
08
09
10
11
12
13
14 バレンタインデー
15
16
17
18
19
20
21
22
23
24
25
26
27
28
29

025

※ **2月の祭り**
　イモークの祭り
　ブリギットの祭り

※ **2月のとっておきのハーブ**
　悪魔除けの草 ネトル

※ **2月のおいしい魔女のレシピ**
　愛のオムレツ

※ **2月の魔女の手仕事**
　デトックスオイル作り

※ **2月の魔女のお茶時間**
　愛のお茶 "ローズティー"

〜季のことば〜

**大地の目覚め
雪解け
ユキノハナの開花
心の大掃除
冬の力がゆるみ大地が「再生」する時期**

　外はまだ冬の寒さにあっても、魔女は春の兆しを感じ、
季節のパワーが深いところで動きはじめていることを知ります。
　魔女は、春のエネルギーを自分のなかに呼び込み、力とし、
きたるべき季節に備えて自分自身の「春の大掃除」を始めます。

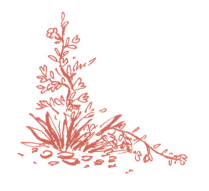

✣ 2月の祭り

イモークの祭り・ブリギットの祭り

イモークの祭りは、ユキノハナが咲きはじめるころ、2月初めに行われます。
同時にこの日はケルトの火祭り「ブリギットの祭り」として
女神ブリギットを讃える日でもあります。

　イモークとは「雌羊の乳」という意味で、ヨーロッパにユキノハナが咲きはじめる1月の末から2月の初め、ちょうど子羊が生まれて雌羊の乳が出はじめるころに行われる祭りです。ユキノハナの開花は、冬が退き、春がやってくるサイン。この祭りは、大地の雪が解け、草花や穀物の種をまく準備が整ったことを告げるものです。またイモークは、ブリギットの祭りとしてもよく知られています。ブリギットは癒しや健康をもたらし、正義や変革ともかかわる女神で、古くよりフランス、イギリス、アイルランド、スコットランド、ウェールズで信仰されたといわれています。

　ブリギットの癒しの力は、泉や井戸から湧き上がる水の力とも考えられ、特に井戸はこの女神を象徴するものです。ブリギットが帰還するこの日、魔女たちは火をともして女神を迎え、女神の木とされるナナカマドの木を捧げます。再生の時でもあり、大地を支配している厳しい冬の力がゆるみ、雪解けの水が川やせせらぎを蘇らせ、昼の時間も日増しに長くなります。この時季、大地は目覚めていき、自然のエネルギーが春を思わせる生命の躍動に備えているのを感じられます。

女神ブリギット

　ブリギットは「高貴な者」の別称を持つケルト人に親しまれている水と火と癒しの女神です。ひとりの女神であると同時に3人の女神でもあり、治癒、工芸、詩を司ります。女性や子供、また、生まれたばかりの動物を守ろうと、正義と平等のために猛然と戦うことで定評があります。しかし、激しく戦う姿とは別に、優しい女神ブリギットのこんな一面もあります。

　なくし物をした小さな少女を慰めるため、呪術を使って鳥を創り出したという伝説です。また、予言とも深い関わりがあり、出産する女性たちからたいへん崇拝されたといわれます。ケルトの最高の存在であるドルイド僧の家に生まれ、異界の牛の魔法の乳で養われたといわれるブリギットは、尽きることのない食物を与えてくれる恵みの神でもあります。

心と身体の大掃除をする時

　魔女たちは季節の再生の時を誰よりも早く感じ、自然のなかにその兆しを見つけます。

　自然からのメッセージは生命そのものであり、世界と生命のあらゆる関連を教えてくれます。

　強くなってきた日の光が、冬の間隠れていたほこりや汚れを照らし出すように、ブリギットの輝く光が人々の内面をも照らし出します。これから来る季節に備えて、自分自身の心の「春の大掃除」をするのによい時期で、同時に冬の間たまった身体の滞りを排出するデトックス効果が期待できる時期でもあります。

✻ 2月のとっておきのハーブ

悪魔除けの草 ネトル
和名／セイヨウイラクサ　学名／*Urtica dioica*

触ると飛び上がるほどに痛いトゲの葉を持つネトルは、
ビタミンやミネラルを豊富に含み、古くからさまざまな治療に使われてきました。

　ネトルは80〜180cmにも成長する比較的大ぶりなハーブです。茎に鋭いトゲがあり、濃緑色の葉にもチクチクする細かなトゲがあって、そのトゲは触れると相当の痛みを生じます。そのため「針」に由来する古代英語「noedl」を語源とします。

　ヨーロッパでは、雑草のようにいたるところに自生している身近なハーブのため、生活に根づいた、迷信や語り伝えが多いのも特徴です。たとえば、チロル地方では、ネトルを火にくべれば雷よけになるといったことや、ヨークシャー地方では、戸に掛けておくと悪魔が入ってこないとか、ネトルの汁に浸した櫛で毎朝髪を逆さにとかせば髪が強くなるといった言い伝えがあります。悪魔除けの草として"デビルの野菜"とも呼ばれています。

　また、当時の人たちがいう悪魔は、病魔をも意味します。したがって、病魔を遠ざけるすこぶる健康によい植物ということになります。健康によいことは広く知られて、古くからハーブティーとして愛飲され、「三月にネトルを飲んで　五月にヨモギを食べさえすれば　元気な娘っ子があんなにも　若死にするはずは

ないものを」（『英米文学植物民族誌』より）と謳わ
れたほどです。また大きく育つネトルは、16〜17世紀
には、その丈夫な繊維を利用して帆布やロープ、衣料
原料として幅広く利用されたこともあります。

呪いを解く力

アンデルセン童話に『野の白鳥』（白鳥の王子）と
いう話があります。ある国王の後妻となった妃は魔術
に長けた心根が悪い女でした。国王には前妃との間に
11人の王子と1人の姫がありましたが、この子供たち
を邪魔に思った妃は王子たちを白鳥に変え、幼いエル
ザ姫は森へ追放してしまいます。森をさまよう姫の前
に仙女があらわれ「ネトルの草で11枚のシャツ（帷
子）を編んで王子たちに掛ければ、呪いは解けて元の
姿に戻る。ただし、その間誰とも口をきいてはいけな
いよ」と教えます。以来、王女は誰に話しかけられて
もいっさい口をきかず、毎日ネトルを摘んできてはシ
ャツを編み続けます。ネトルの茎と葉には細かく鋭い
トゲがびっしり生えているので、それに触っただけで
飛び上がるほどの痛みが走ります。小さな王女がネト
ルのトゲで足や手から血を流しながら、ひたすら糸を
紡ぐシーンは痛ましく、いっそう王女の愛情の深さを
物語ります。

トゲには、蟻酸*が含まれているので、その痛みは
いかばかりかと想像できます。"悪魔の葉"の別名を持
つそのトゲにこそ、悪魔の魔術を解く力があると信じ
られていました。ですから、ネトルはこの物語には必
要不可欠な薬草といえるでしょう。

* 蟻酸
アリやハチの毒腺や
ネトルの葉のトゲに含まれ、
皮膚に触れると鋭い痛みを感じ
水疱ができたりする。

ネトルの使いみち

悪魔除け、つまり病魔を遠ざけると考えられたハーブはたくさんありますが、ネトルもまた多くの迷信とともにヨーロッパでは古くより利用された薬草です。

12世紀、ドイツで活躍した修道女ヒルデガルト・フォン・ビンゲンが著した医学書『フィジカ』にはネトルについて、「そのとげとげしさは食用には向かないが吹いたばかりの新芽は加熱して用いれば、胃の泡状粘液を取り去り浄化する」とあります。そのほか、この草の煎じ汁はじんましんやリウマチ、鼻血止め、身体の浄化など幅広く薬用に使われました。

今日では、ネトルにはミネラルとビタミンCが豊富で、抗アレルギー作用があることがわかり、花粉症などの体質改善に注目を集めています。そのほかに不眠症の優れた治療薬であり、尿酸の排出を促すため、ハーブティーにして関節炎や痛風の治療に、貧血や糖尿病の予防、妊産婦の栄養補給など、科学的に効能が明らかになっているので、昔の人が悪魔除けとして信じたのは、あながち「迷信」と言いきれないところがあるようです。

日本でもハーブ専門店で買えますので試してみてはいかがでしょう。

修道女ヒルデガルト

ヒルデガルトは12世紀ヨーロッパに活躍した神学者でヒーラー、音楽家、画家で詩人、幻視者にして神秘主義者とその才能は多岐にわたり、しかも各々の分野で第一級であったという「中世最大の賢女」と表される女性です。そのなかでも彼女の医学的才能、治療能力はほかの才能を圧倒していたといわれます。

✲ 2月のおいしい魔女のレシピ

愛の祭典バレンタインデー。中世ヨーロッパの宮廷ではさまざまな
愛の料理が用意され、愛にちなんだ衣装を着けてゲームやくじ引きを楽しんだそうです。

愛のオムレツ
バレンタインデーのご馳走

材料（5人分）
卵……7個
牛乳……1/4カップ
はちみつ……大さじ1
塩……小さじ1/2
サフランパウダー……小さじ1/4
レーズン（小粒のもの）……3/4カップ
アーモンドスライス……3/4カップ
ディル……小さじ3
バター……小さじ1

作り方
①レーズン、アーモンドスライス、ディル以外の材料をボウルに入れて混ぜる。
②さらに、レーズンとアーモンドスライスを入れてざっくり混ぜる。
③熱したフライパンを中火にして、バターを溶かし、生地を注ぎ入れ2～3分焼く。生地が固まってきたらフライ返しで半円形に折りたたんでひっくり返し、両面に焦げ目がついたらお皿に移す。
④人数分に三角形に切り分け、ディルをかけて熱々をいただきます。

Point
ナッツ類は中世時代、
「愛のご馳走」とみなされていました。
特にアーモンドは、愛を育み
身を結ぶということで喜ばれたそうです。
チョコレートとは違う、
ちょっと古風な気分でバレンタインデーを
楽しんでみてはいかがでしょう。

✳ 2月の魔女の手仕事

光の量が増しはじめる2月を、
魔女たちは「心と身体の大掃除の時」と考えます。
冬の間滞っていたものをデトックスしスッキリして春を迎えましょう！

デトックスオイル作り

デトックスオイルを作る（すべて100%ピュアなもの）。
デトックス作用の代表選手ジュニパーベリーを使って

材料 (50ml)
ホホバオイル……50mg
エッセンシャルオイル（1滴は0.05mg）
　ジュニパーベリー……3滴
　　→腎臓に働きかけむくみを取る
　グレープフルーツ……2滴
　　→リンパ系に作用して毒素を排出
　ゼラニウム……2滴
　　→腎臓に働きかけ利尿作用がある
　ペパーミント……2滴
　　→便秘に効く
　ローズマリー……3滴
　　→肝臓の機能を高め血のめぐりをよくする

作り方
すべての材料を混ぜる。

マッサージの仕方
はじめに…
爪は短く切って両手を温めておく。
①手のひらに大さじ1のオイルをとり、両手になじませ、広くさっと背中全体にすりのばす。
②下から上へと手全体を使って脊柱の両側をしっかりのぼり、肩甲骨で下がってくる。オイルを足しながら数回繰り返す。

＊足や手は心臓に向かって手に少し圧をかけてマッサージする。おなかは時計回りにゆっくりまわして。

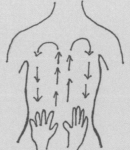

✳︎ 2月の魔女のお茶時間

愛しい気持ちを伝えたい、切ない心はこの一杯のお茶で叶うのでしょうか…。このお茶は相手に飲ませるのではなく、自分が飲んで魅力的になるものです。

愛のお茶"ローズティー"

愛の美神ビーナスにまつわる花と果実のお茶の効果は？

材料（1回分／すべてドライハーブやパウダー）
- ペパーミント……小さじ1
- リンゴの粉……小さじ1
- マージョラム……小さじ1/2
- バラの花びら……小さじ2

作り方
材料をポットに入れて熱湯を注ぎ、4分待ち、温めておいたカップに静かに注いで、魅惑的になる自分をイメージして飲みます。

Point　1日に1回しか飲んではいけません！

---

column

バレンタインデーそもそも

2月14日は愛の記念日バレンタインデーです。バレンタインとはキリスト教の3人の聖職者の名前で、2〜3世紀のヨーロッパで3人とも同じ2月14日にローマやイタリア、スペインで殉教しました。確かなことはわかっていませんが、3人のバレンタインはそれぞれ愛に関わっていたようで、その祝日とされています。それより古く、キリスト教定着以前のヨーロッパでは、同じ2月14日に自然界のサイクルと関わる季節の交代の儀式が行われていたそうです。ちょうどこのころは、鳥たちが配偶者を求める愛の季節でもあるのです。そう考えるとこの記念日はたいそう古い祝日ということになります。

036

3.
March

01
02
03
04
05
06
07
08
09
10
11
12
13
14
15
16
17
18
19
20
21 イースターの祭り、
   春分の日
22
23
24
25
26
27
28
29
30
31

037

※ 3月の祭り
　　イースターの祭り
　　春分の日

※ 3月のとっておきのハーブ
　　禁断の草 ラプンツェル

※ 3月のおいしい魔女のレシピ
　　イースタービスケット
　　ラプンツェル上のパンパーディ

※ 3月の魔女の手仕事
　　イースターエッグ作り

※ 3月の魔女のお茶時間
　　デトックスハーブティー

～季(とき)のことば～

光
春の到来
薬草集め
強まるエネルギー
春分
バランスの時
成長と生殖の時

大気は光にあふれ、野山は若々しい緑の葉でおおわれるこの時期、
あたりは生命の歓喜に満ちています。
魔女たちは春の女神イースターを讃え、生命力みなぎる
薬草を摘みに森へ出かけます。

✷ 3月の祭り

イースターの祭り・春分の日

色とりどりに着色された卵で知られるイースターの祭りは、
もとをたどれば魔女たちの春の祭りです。光あふれるこの季節、春の女神イースターは
ウサギの形となり地上に現れるとか…。生殖と多産の女神を讃える時です。

　太陽の復活と生命を讃えるイースターの祭りは、ヨーロッパでは古くからある春の祭りで、魔女たちの祭りでもあります。成長、調和、生殖がイースターの主題。イースターとは「生殖の女神」のことです。この女神を象徴しているのが多産である野ウサギで、春の女神はウサギになって地上に現れるといわれます。後にヨーロッパに普及したキリスト教は、この祭りを「復活祭」として祝うようになりました。現代に伝わるイースターバニーやチョコレートでできた卵の贈り物には、古代の生殖の儀式の名残が見られます。
　この日は、昼と夜の長さが同じである春分にあたり、この日を境に昼の時間が徐々に長くなって光の季節に入っていきます。魔女たちは、太陽の復活の日とみなして冬と春が入れ替わることを祝います。祭りでは冬の闇と春を代表する人物が劇中で戦い、春が冬を打ち負かすというストーリーが演じられます。劇を見ている魔女たちも拍手喝采、春を喜びます。

3.

薬草集め

寒く厳しかった冬が去って太陽はいよいよ力を増し自然の活力はみなぎり、大地は再び緑におおわれます。大気も大地もエネルギーにあふれ、同時に人々の心も解放的に行動も活発になっていきます。森では薬草の芽が伸びて大きく育ちはじめる春の到来です。魔女たちはこの時期、パワーいっぱいの春の薬草を集め、恵みを与えてくれる自然に感謝し、祝福をおくります。

また、イースターは木の祭りとしても知られています。魔女たちは木を背にして瞑想し、根や幹から立ち上る生命を感じ取り、自分のパワーとして取り入れるのです。

バランスの時

自然の営みにそって生きる魔女たちは、光と闇の長さのちょうど境目にあるこの日が心のバランスを整えるのに最もよい時期であることを知っています。人々は身体的にも、精神的にも均衡を保ち、前に進むことが必要となります。この日、魔女たちは内なる均衡を保つため宇宙に想いを馳せ、その力を得ます。私たちもこの時期、バランスを整え、自然界の強まるエネルギーを自分の力に変えて、今できることを精いっぱいしていきたいものです。

✳︎ 3月のとっておきのハーブ

禁断の草 ラプンツェル
和名／ノヂシャ　学名／*Valerianella locusta*

魔法や魔女と深い関わりのあるハーブはたくさんありますが、ラプンツェルも魔女が名づけ親といわれるハーブ。どのような物語が隠されているのでしょう…。

　3月は生殖の時。生殖とはほど遠くなってしまった魔女といわれるその女性の庭に植えられた美しいハーブ「ラプンツェル」。魔女と関わりの深い植物です。3月末に種を蒔くと、10日ほどでかわいい双葉が発芽し、5月から初夏には食べられるまでに成長します。葉はサラダ菜よりやや厚みがあり、丸みがあってわずかに苦味があり、緑色のグラデーションがみずみずしく、主にサラダとして食します。ヨーロッパでは「野のサラダ」の異名を持ち、身近なハーブで古くから食用とされています。

　ここでひとつ留意しなければならないことは、古代ヨーロッパでは野菜としての植物は極端に少なく、肉食中心の生活であったため、ハーブはなくてはならない必需品だったということです。ましてや手入れが行き届いた立派なハーブはどんなに魅力的に映ったことでしょう。

　自分の子供を魔女に差し出してしまうほどのハーブ「ラプンツェル」には、どんないわれがあるのかグリム童話をひもといてみましょう。

3.

禁断のハーブ

　ある身ごもった若い妻が、隣の畑に植えてあるハーブを見て、食べたくてたまらなくなってしまいました。その畑は、あろうことか世間で恐れられている魔女の畑です。妻は食べたい思いがつのり、やせ衰えていきます。見かねた夫は、とうとう魔女の庭に忍び込み、ハーブを盗んで妻に食べさせます。そのハーブのおいしいことといったら！　妻はすっかり虜になり、もう一度隣の庭のハーブが食べたいと夫にせがみます。夫は、再び高い塀をよじ登り畑に下り立つと、そこには魔女が立っているではありませんか。魔女に見つかった夫は、そのハーブと引き換えに生まれてくる赤ん坊を魔女に渡すと約束してしまいます。

　魔女の手に渡った赤ん坊は ラプンツェルと名づけられ、魔女に育てられます。金髪の美しい少女に育ったラプンツェルは、12歳になると高い塔に閉じ込められ、魔女以外の人と接することを禁じられます。魔女は塔の下にやってきては、「ラプンツェル、ラプンツェル。おまえの髪を垂らしておくれ」と呼びかけます。ラプンツェルは三つ編みの長い金髪を下ろし、魔女はその髪を伝って塔を登っていきます。ここがこの話のいちばん人気の場面で、誰の心にも残るところです。

　ある日、通りかかったこの国の王子がそれを見て、魔女と同じように声をかけ、塔を登ってラプンツェルに会います。恋に落ちたふたりは、魔女に一度は仲を裂かれるものの、最後はめでたく結ばれるというお話です。

✵ 3月のおいしい魔女のレシピ

中世時代には、さまざまな料理の本が発行され、季節に合わせたいろいろな調理法が紹介されました。イースターにまつわるお料理のアレンジ2種類を紹介します。

イースタービスケット

魔女が暗躍した中世時代の栄養豊富な伝統菓子

材料（大ぶりのビスケット12個分）

- 小麦粉……225g
- ほぐした卵……1個
- シナモンパウダー……小さじ2
- 塩……少々
- バター……100g
- オレンジピール……50g
- レーズン……50g
- 砂糖……50g
- 牛乳……大さじ1
- 粉砂糖……25g

作り方

① ボウルにふるいにかけた小麦粉、ほぐした卵、シナモンパウダー、塩、バターを入れてよく混ぜる。バターをよく練り込む。
② ❶にオレンジピール、レーズン、砂糖、牛乳を入れてよく混ぜる。
③ 生地をめん棒でのばす。
④ 型で抜く。
⑤ 180℃のオーブンで20分ほど、こんがりキツネ色に硬めに焼く。焼きあがったら、粉砂糖をふるってできあがり。

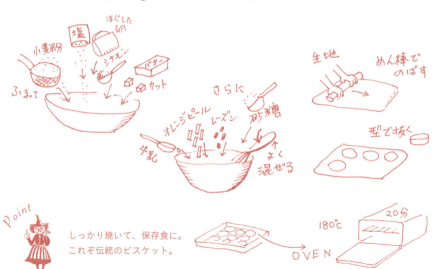

Point しっかり焼いて、保存食に。これぞ伝統のビスケット。

ラプンツェル上のパンパーディ

パンパーディはフランス語の
「pain perdu」(牛乳・卵に浸して焼いた堅パンの意)、
要するにフレンチトースト

材料（2人分）

牛乳……1/3カップ
白ワイン……大さじ3
1日たったフランスパン
　　（厚さ1cm斜め切り）……4枚
生ハム……3枚
スライスチーズ……3枚
トマト（薄くスライス）……1個
ディルかマージョラム
　　（フレッシュでもドライでも）……大さじ2
ラプンツェルの葉またはサラダ菜……3枚
卵（溶きほぐす）……1個
生クリーム……大さじ3
塩、コショウ……少々

作り方

①バットに牛乳と白ワインを入れ、パンを浸し、パンがちぎれないように水分を絞る。
②パン、生ハム、チーズ、トマト、ディル、ラプンツェルの葉かサラダ菜を重ねる。それを繰り返す。
③ほぐした卵をかけ、塩とこしょうをふる。
④卵がなじんだら生クリームをかけ、180℃のオーブンで20分ほど焼く。焼きあがったら、半分にカットし、ラプンツェルかサラダ菜を敷いた皿にのせてできあがり。熱々をめしあがれ。

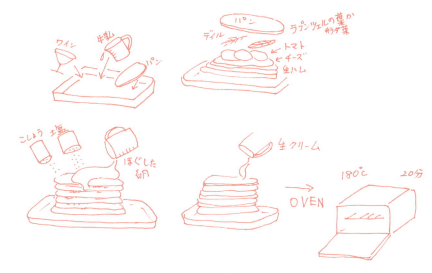

✷3月の魔女の手仕事

イースターの卵は常にお守りとして保管されます。100年保存すれば、
なかの卵黄が宝石に変わって、持ち主の財産を守るという言い伝えもあります。

イースターエッグ作り
（長期保存用）オリジナルのデザインを楽しんでみよう

用意するもの
卵……作りたい個数
手芸用針
爪楊枝
ストロー
紙（あれば和紙）5×5mm
　……卵1個につき2枚
のり
絵の具やマーカー（お好みの画材）

作り方
①卵の中身を取り出すため、卵の天と底に針で穴をあける。
②穴に爪楊枝を刺して中身の卵を崩す。
③ストローを上穴に挿して息を吹き入れ、下穴から中身を出す。
④水洗いして乾かし、紙で穴をふさぐ。
⑤好みの画材でペイントする。

＊すぐ食べる場合は、固茹で卵にペイントしてもよい。

古典的なイースターエッグのデザイン

レース飾りや宝石が付いているもの　　金色のライオン　　車輪と3つの三日月

✲ 3月の魔女のお茶時間

甘い春の夢にうつらうつら、眠気がいつまでも覚めない3月ですが、
冬の滞りを早めに身体から排出する心がけも必要ですね。

デトックスハーブティー

春の訪れとともに身体のなかをスッキリ！

材料（3人分／すべてドライハーブ）

レモンバーム……小さじ3
→血液の浄化

エルダーフラワー……小さじ3
→利尿作用

ローズヒップ……小さじ1
→便秘解消

フェンネル……小さじ1
→むくみ取り

ジュニパーベリー……小さじ1
→毒素排出

ミント……小さじ1
→消化促進

作り方
すべての材料を混ぜてポットに入れ、熱湯を注ぎ4分待って飲む。

---

column

ギックリ腰

　3月は魔女の暦でバランスを整えるのによい時期です。現代の私たちにとっては、入学、就職、転勤など、環境の変化が激しく、たいへんバランスを崩しやすい時期です。ストレスも多く、統計によると3月と12月がギックリ腰の最も多い季節のようです。腰を伸ばしたその瞬間「アッ！」と、声も出ないほどの痛みを経験したことがある人は多いと思います。言葉どおりギクッときたらもう動けない…。ヨーロッパではギックリ腰のことを「魔女のひと突き」といいます。確かに、背後からいきなりドン！　と誰かに突かれたような衝撃がありますね。

4.

April

01
02
03
04
05
06
07
08
09
10
11
12
13
14
15
16
17
18
19
20
21
22
23
24
25
26
27
28
29
30　ベルテーンの祭り、
　　ヴァルプルギスの夜

※ 4月の祭り
　ベルテーンの祭り
　ヴァルプルギスの夜

※ 4月のとっておきのハーブ
　解毒の草 ルー

※ 4月のおいしい魔女のレシピ
　カエルの卵のスープ
　目玉のサラダ

※ 4月の魔女の手仕事
　魔除けのサシエ作り

※ 4月の魔女のお茶時間
　はちみつ酒

〜季のことば〜

メイツリーの開花
光
森の精霊
春迎え
魔女祭り

その日は暗い森も仄白く輝くという魔女祭り「ヴァルプルギスの夜」。
ありとあらゆるところから魔女たちが集い、
かがり火のもと、一晩中踊り明かすと伝えられます。
ときめきの春、森のなかではいったい何が起こっているのでしょう…。

✳︎ 4月の祭り

ベルテーンの祭り

ベルテーンの祭りは、メイツリーであるホーソーンの花が満開になるころ、
4月末日の日没から祝われます。同時にこの日は魔女の祭り。
「ヴァルプルギスの夜」として古くから知られ、さまざまな伝説を生んできました。

ベルテーンの祭りは、慈善と治癒の太陽神アポロ・ベレヌスに由来しているといわれます。ベレヌスとは「明るい」とか「光り輝く」という意味があって、北イタリアでアポローンをさす形容詞です。

この日、太陽の神は若々しく美しいシカの姿になって戻ってくるとされ、夜の森さえも光り輝くといわれています。この祭りは、放牧地と関係があって、復活して力を得た太陽が家畜や作物の生育を促すのを歓迎するもの。太陽の熱が地表を暖めるように、交換魔術によって大がかりな焚き火がたかれます。家畜を追い、その火の間を通し無病息災を祈ったといいます。炎から生じたたくさんの灰は畑に撒かれ、大地を肥やし作物を成長させる豊穣のための準備をします。

また、この時期、人間界とは異なる世界のいろいろな者たちも現れるので、人間が"魔除け"を持たずに森に入るのはとても危険であるとされます。春のエネルギーがあふれ、花々が咲きはじめるこの季節は、さまざまな不思議が起こる季節でもあり、官能の時でもあるのです。

魔女祭り"ヴァルプルギスの夜"

4.

ヴァルプルギスとは、民間伝説によれば、ペストや狂犬病、飢餓に対する
救いの力を持つ女神として信仰の対象になった聖女でした。
魔女の夜祭りになぜ聖女の名前が冠されているのかはわかっていません。

　4月30日の夜、ドイツのブロッケン山には、あらゆるところから魔女たちが集まり、大きなかがり火を焚き、背中向きに手に手を組んで踊り明かす大騒ぎの祝宴が執り行われると伝えられます。大鍋が炊かれ、甘いはちみつ酒が振る舞われ、炎々たるほのおの周りを奇声を発しながら一番鶏が鳴くまで踊り狂います。ケルト人の伝説によると、ヴァルプルギスの夜は魔女ばかりではなく大小さまざまな妖精たちも現れ、森では盛大なパーティーが開かれるとか。このとき、ブロッケン山周辺の山々の植物という植物は、不思議な力を得て開き輝くといいます。また、魔女が春を連れてくるともいわれ、「春迎えの祭り」として今に伝わり、ブロッケン山周辺のハルツ地方では、春を待ちわびる人々によって、大小さまざまな魔女祭りが現在でも行われています。

053

妖精たちもやってくる

　春を迎え、きたるべき夏の到来を予告するベルテーンの祭り。この日は現世と来世、あるいは人間の世界と霊魂の世界のベールが最も薄くなり、妖精や精霊たちが、白く輝く木々や花々、森の動物たちの間を飛び交います。そのため、この日の前後に森に近づいたり遅い時間に出歩くのはもちろんのこと、眠ってしまうのも危険とされました。

　妖精の国への通路は森のなかの地下へ通じる暗い小道で、迷い込んだり連れ込まれでもしたら、戻るのはたいへん困難です。それは人間が踏み込めない異界への入り口なのです。また、妖精の国の時間は人間界の時間とはまったく違います。妖精の国で1日過ごしたつもりが、人間界では数年あるいは数十年も経っているといわれます。さまざまな種類の妖精は、人間に好意的なものもいますが、敵意を持っていたり、いたずら好きだったりもするので、妖精が出没する特別な日は、人間はよほど用心しなければならないのです。

　緑の森の精霊は森を抜け出し人間界とさまざまな交流をする時であり、約束や契約の時とされます。

ブロッケン山

　ブロッケン山はドイツの中央山岳地帯ハルツ山地の主峰で、標高1142m。山頂は常に北海からの北西風にさらされ、気候の変化が激しく霧の多い地帯で、妖怪の影が山に映るという「ブロッケン山の妖怪」という有名な伝説があります。

　それは山に深い霧がかかるとき、特に日没や夜明けに、その霧の壁に太陽の光が当り、見ている人の影が映って、まるで妖怪がうごめいているかのように見えるのです。そんな不気味な伝説のためか、中世にはブロッケン山では魔女たちが夜会を開き、悪魔とよからぬことをしていると信じられていました。

　この山は多くの著名人も訪れ、ドイツの文豪ゲーテは1776年ハルツ地方を旅し、ブロッケン山に登って名詩「冬のハルツ紀行」を書き、その後著した戯曲『ファウスト』では、この山を舞台にした魔女の夜会が登場します。それによってブロッケン山と魔女は一躍世界的に有名になったのでした。そのほか、ドイツの詩人ハイネや、デンマークの童話作家アンデルセンもこの山を訪れています。荒涼とした山頂には「悪魔の説教壇」と「魔女の祭壇」と呼ばれる平らな巨石があり、風吹きすさぶなか魔女の幻影を見る思いがします。

4.

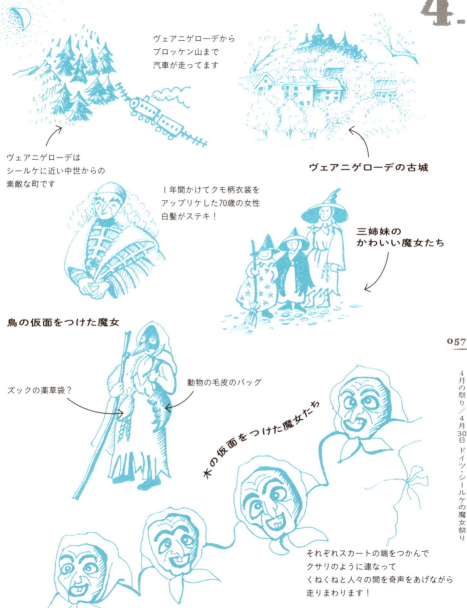

ヴェアニゲローデから
ブロッケン山まで
汽車が走ってます

ヴェアニゲローデは
シールケに近い中世からの
素敵な町です

ヴェアニゲローデの古城

1年間かけてクモ柄衣装を
アップリケした70歳の女性
白髪がステキ！

**三姉妹の
かわいい魔女たち**

鳥の仮面をつけた魔女

ズックの薬草袋？

動物の毛皮のバッグ

木の仮面をつけた魔女たち

それぞれスカートの端をつかんで
クサリのように連なって
くねくねと人々の間を奇声をあげながら
走りまわります！

057

4月の祭り／4月30日 ドイツ・シールケの魔女祭り

✷ 4月のとっておきのハーブ

解毒の草 ルー
和名／ヘンルーダ　学名／*Ruta graveolens*

古代より魔力のある植物として崇められたルーは、強い魔法も無力にする力があると信じられてきました。悪名高き魔女キルケーの呪いの魔法は解けるのでしょうか。

　ルーは灰緑色の細かく切れ込んだ美しい葉と柑橘系の強い香りが特徴です。夏にかけて黄色い小さな花をつけ、細かく分枝した葉がさらさらと風にそよぐ様は繊細で優雅な印象です。しかし、葉をちぎって噛んでみると、舌の上を苦味が走り、強い香りが口いっぱいに広がって、荒々しい野生の生命力を感じます。なるほど、古代よりヨーロッパ各地で魔除け草として崇められ、どんなに強い魔法も無力にする神聖な力を持つといわれた所以がわかります。

　一般に魔除けといわれるハーブは、植物自体たいへん個性的で生命力にあふれたものが多く、なかでもルーは、独特の強い香りばかりではなく、育成にも特徴があります。ルーの周りにはほかの植物は育ちにくく寄せつけません。ルーは「他感作用」といって特別な成分を出して周りの植物を枯らしてしまうのです。動物のように自由に動けない植物は、さまざまな不思議な作用で自分の身を守っています。

　孤高の魔女の風情を漂わせるこの植物も、4月には薄緑の新芽を蓄え、優しい女神の表情を見せます。

4.

英雄とルー

　ギリシャ神話にこんな話があります。英雄オデュッセウスがトロイア戦争後に立ち寄った島には、悪名高き魔女キルケーが住み、侵入者たちを動物に変えて従えてしまうといいます。オデュッセウスの家来たちは豚にされ、それを救わんとオデュッセウスが森に分け入ったところ、美しい若者が現れ、キルケーの魔法を無効にするという薬草「モーリュ」を手渡します。その植物こそがルーであり、その若者は英雄の祖父が崇拝していた伝令の神ヘルメースだったのです。

　オデュッセウスはその草を食べて魔法から身を守り、家来を助け出し、キルケーさえも味方につけて無事帰路についたと伝えられます。

---

column
邪眼（じゃがん）

　古代ヨーロッパ各地で信じられた「邪眼」は、その目に魔力を宿し、見入られると不幸になったり病気になって死んでしまうなど、人や動物に災いをもたらすという、最近まで非常に恐れられていた迷信です。その歴史は古く、ギリシャ神話に見られるバジリスクという蛇の王は、眼力と吐息で相手を抹殺したといわれ、邪眼の起源と見られています。

ルーの使いみち

　紀元１世紀のローマに活躍した博物学者プリニウスの『博物誌』によると、「はちみつを加えたぶどう酒に、ルーの葉をつぶして混ぜ合わせたものを飲むと、猛毒のトリカブトの解毒にもなり、ヘビに噛まれた傷にも有効」とあります。また「邪眼」を除けるということでルーを首から下げたり、ネックレスのようにして護身に使われました。疫病が流行ったヨーロッパ中世には、ルーの殺菌力を信じて家庭や法廷の床にその葉が撒かれ、感染を防いだといわれます。

　また、裁判官が法廷に入る際に持つ小さな花束「タッジー・マッジー」にも、必ずルーを加えて不潔な牢獄から出廷した囚人からの感染を予防したといいます。囚人にとっても爽やかなハーブの香りは一時の安らぎだったかもしれません。

　今日では、強烈な苦みのため、ほとんど食用には利用されませんが、美しい姿と独特の香りは、ハーブガーデンの縁飾りや緑色のグラデーションとして使用され人々の目を楽しませてくれます。また、この香りをネコ（特に雄ネコ）が嫌がることからネコ嫌いは家の周りにルーを植えるとよいそうです。日本でもハーブ園などで入手可能なので育ててみてはいかがでしょう。

4.

魔女キルケー

キルケーは太陽神アポローンの娘で、本来は月の女神でした。絶海の孤島「アイアイエー島」を支配し、その館は森のなかにあり、美しく磨き上げられた立派な石でできています。麗しい声で歌いながら機を織り、男たちをおびき寄せては誘惑し、飽きると獣に変えて従えるという呪術と薬草に長けた美神です。ギリシャ神話によると、オデュッセウスの家来はブタに変えられ、美少女スキュラはキルケーの嫉妬によって、とんでもない恐ろしい肢体の怪物に変えられたということです。生と死、相反するふたつの世界を自由に行き来するといわれます。

column

タッジー・マッジーって何？

タッジー・マッジーとは、中世ヨーロッパで疫病が流行した時代、殺菌、抗菌、防臭、魔除けの目的でたくさんのハーブ類を集めて作った花束のことです。ルーやローズマリー、ディルやセントジョンズワートなど殺菌効果の高い薬草、あるいは魔除けといわれるハーブや、香りのよい花々で作られます。

✳︎ 4月のおいしい魔女のレシピ

春迎えの魔女祭り"ヴァルプルギスの夜"、お友達を誘って
楽しい魔女料理でパーティーを開いてみませんか？

カエルの卵のスープ

春の息吹を感じながら…

材料（5人分）
タピオカ（大きめ5mmくらい）……30g
玉ねぎ……1/2個
アスパラガス……2本
ブイヨンキューブ……1個
バター……小さじ1
スープストックまたは水……4カップ
塩、こしょう……少々

作り方
①下準備をする。タピオカは前の晩から水に浸しておく。玉ねぎは薄くスライスする。アスパラガスはピーラーで薄くスライスし、さっと茹でる。ブイヨンは溶けやすいように細かく削る。
②鍋にたっぷりの水を入れて、沸騰したら、一晩浸したタピオカを入れ、半透明になるまで2～3分茹でる。茹であがったらタピオカを網やスプーンですくい、水を張ったボウルにさらしておく。
③鍋を温めバターを溶かし、玉ねぎを入れて弱火でゆっくり甘みが出るように炒める。
④スープストックを加え中火にかけ、ブイヨンと❷のタピオカを入れ、塩・こしょうで調味し、かき混ぜながら2～3分で火を止める。
⑤スープ皿に1人2～3本のアスパラガスを並べ❹を注ぎ入れる。

春の小川に水草とカエルの卵を
イメージした盛り付けに心配りを！
（皿は浅めがよい）

目玉のサラダ
ルーの小枝を添えて

材料(たっぷり5人分)
大正エビ……10尾
玉ねぎ……1/2個
枝豆(冷凍)……1カップ
じゃがいも……4個
卵……8個
黒オリーブ(種無し)……20個くらい
白ワイン……大さじ1
和辛子……小さじ1
マヨネーズ……1カップ
塩、こしょう……適量

作り方
①エビはカラをむいて背わたを取り除く。沸騰した湯に入れて1分弱茹で、鍋から取り出し水分をよく拭き取り、1.5cmにカットし白ワインをふりかける。
②玉ねぎは薄くスライスして塩少々をふり、手でよく絞り水分をとったら、和辛子で和える。枝豆は薄皮をむいておく。黒オリーブは3mmくらいにカットしておく。
③じゃがいもを洗い、皮のままたっぷりの湯で水から茹でる(目安15分くらい、竹串がすっと通ったらOK)。火からおろし、熱いうちに皮をむいてマッシュする。下ごしらえしたエビ、玉ねぎ、枝豆を加え、マヨネーズと塩・こしょうで味を調える。
④お皿に❸を盛り付け、ヘラで形を整え、表面全体に薄くマヨネーズ(分量外)を塗る(スライスした卵を貼り付けるための、のりの代わりになる)。
⑤卵を固茹で(水から13分)し、殻をむき卵カットでカットする。スライスした卵をすき間なく❹に貼り付け、卵黄の中央にカットした黒オリーブを目玉のように乗せてできあがり! あれば、魔除けのルーを添えて。

Point ポテトサラダが水っぽくならないように、材料の水分は極力取り除こう。

✳︎4月の魔女の手仕事

魔除けのサシエを持って魔女祭り"ヴァルプルギスの夜"へ行こう！
ルーにネトル、ローズマリーにディル。
妖精にいたずらされないように。魔女に悪さをされないように。

魔除けのサシエ作り

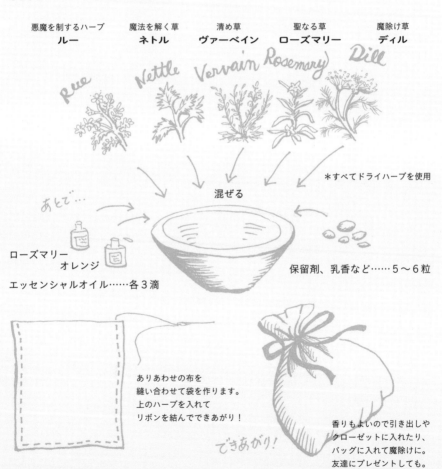

悪魔を制するハーブ	魔法を解く草	清め草	聖なる草	魔除け草
ルー	ネトル	ヴァーベイン	ローズマリー	ディル

Rue　Nettle　Vervain　Rosemary　Dill

混ぜる

＊すべてドライハーブを使用

あとで…
ローズマリー
オレンジ
エッセンシャルオイル……各3滴

保留剤、乳香など……5〜6粒

ありあわせの布を
縫い合わせて袋を作ります。
上のハーブを入れて
リボンを結んでできあがり！

できあがり！

香りもよいので引き出しや
クローゼットに入れたり、
バッグに入れて魔除けに。
友達にプレゼントしても。

✳︎4月の魔女のお茶時間

窓を開けたら桜の花びらが入ってきた。
なんだか得した気分。どこにも桜の木はないのにね。

はちみつ酒

花冷えする夜の花見に魔女のワインはいかが？

材料(5人分)

シナモンスティック……3cm
クローブ……3個
薄くむいたオレンジの皮……1/2個
リンゴのスライス……1/4個
赤ワイン……4カップ
はちみつ……大さじ5
水……1と1/2カップ

作り方

①ワインとはちみつ以外の材料を鍋に入れ、20分くらい煮る。
②ザルなどでこし、ワインとはちみつを加えて沸騰直前で火を止める。甘くてホットなはちみつ酒のできあがり。

column

不可思議なもの

　桜の花の季節ですが、桜などの木を傷めるテングス病という木の病があります。細菌によって枝が異常発生し、鳥の巣のような塊になり、木が細くなったり枯れてしまったりする樹木の病気です。日本では漢字で「天狗巣病」と書き、天狗の悪さと考えられてきました。ヨーロッパでは「魔女のバスケット」とか「魔女のホウキ」と呼ばれ、魔女の仕業とされます。訳のわからないことを不可思議なもののせいにする心境は、東西を問わず同じです。「菌の仕業」というよりも何かロマンを感じませんか。

066

01	メーデー
02	
03	
04	
05	
06	
07	
08	
09	
10	
11	
12	
13	
14	
15	
16	
17	
18	
19	
20	
21	
22	
23	
24	
25	
26	
27	
28	
29	
30	
31	

5.
May

067

❋ **5月の祭り**
　　メイデー

❋ **5月のとっておきのハーブ**
　　なだめ草 ディル

❋ **5月のおいしい魔女のレシピ**
　　緑のペパーミントライス
　　簡単でおいしいディルソース
　　緑あふれる5月のサラダ

❋ **5月の魔女の手仕事**
　　愛を育むシューズキーパー作り

❋ **5月の魔女のお茶時間**
　　メイ・ドリンク（メイデーの飲み物）

〜季(とき)のことば〜

メイデー
春を編む
愛を育む
メイツリーの花満開
交流の時
緑のご馳走

メイデーの朝、男たちは森に出て樫や樺の木を一本丸ごと切り出し、
枝を払い、木のてっぺんに色とりどりのリボンを付けて広場に立てます。
白い服の少女たちは、手に手にリボンを持ち、
踊りながらリボンを交差させて春を編み込みます。

✲ 5月の祭り

メイデー

メイデーは、4月30日のベルテーンの祭りが明けた5月1日に行われます。広場には春の到来を祝って、メイポールが立てられ、ポールから下がったリボンを持って、少女たちがダンスしながら春を編んでいきます。

　メイデーは、4月のベルテーンの祭りの続きで、官能の時であり、生殖の祭りです。この祭りでは、メイポール（五月柱）を立ててその柱に花の冠を載せて祝うのですが、これは男根と女陰のシンボルを意味します。そのためベルテーンの祭りには、性行為のイメージが伴います。それがまた、生殖の祭りとしての起源を証明するものでもあるのです。

　家々の扉や窓には常緑の枝で丸い形のリースが作られ、この季節を喜ばしいものにしています。

　夏の始まりを告げるこの祭りは、森の精霊として古代より信じられていたグリーンマン、森のジャックの季節でもあり、荒々しい官能の時でもあります。

　後にヨーロッパに普及した禁欲的なキリスト教社会では、この古代の祭りを何世紀もの間歓迎しませんでした。春と性を謳歌するこの祭りを排除しようとする動きに、民衆が抵抗したことから、この祭りは権威に服従しないことを象徴するものとなりました。後にメイデー（5月1日）として労働者の権利を祝うための祭りにもなり、西洋では人々が道に出て、抵抗を表す日になりました。

5.

メイポール（五月柱）

　春の到来と自然の再生、生命の抑えがたい力を讃えるこの祭りでは、皆が集まる広場にその象徴としてメイポールが立てられます。早朝、男性たちは森へ入り、木を切ったり若木を丸ごと抜いたりして列をなし、木々を広場まで運びます。その列には同じく白い服の少女たちも加わり、メイポールが立てられます。小さなメイポールは祭りが終わると取り払われますが、重くて大きく立派な柱は、地中深く埋められてその年の間立てられることになります。柱の上には若葉や花で編んだ輪が飾られ、てっぺんからは色鮮やかな何本もの長いリボンがぶら下がります。祭りが始まると、5月の角笛や口笛が吹き鳴らされ、少女たちはメイポールから下がったリボンを持って、ダンスしながら編んでいきます。

　メイポールは春の到来を祝う陽気で賑やかなイベント。古くから伝わるこの祭りは、中世には宮廷の大切な行事でした。はちみつ酒や緑色のリンゴ酒が振る舞われ、5月の女王が選ばれたり、さまざまなゲームが行われます。テーブルには春の緑あふれるご馳走が並べられたそうです。

緑のご馳走

野や森は若い緑におおわれ生命の力があふれる5月。人々の心も解放されて野外へ目が向けられます。魔女たちは育ちはじめた緑のハーブを求めて、明け方から森や野原へ出かけます。子供たちもまた、森へ草花を摘みに出かけます。メイデーの早朝に森で集めた朝露は、少女の肌を美しくして、ソバカスをとり、幸運を招くと信じられていたので、朝露も一緒に集められたことでしょう。

宮廷では素晴らしいメイデーのお祭りの飾り付けや、衣装、踊りの準備がすすめられます。ご馳走として、果物を使った肉料理をはじめ、緑色のパンやペパーミントライス、レタスや豆、パセリ、フェンネルのサラダなど、この季節を意識した緑色の料理が用意されます。デザートには、ミントから抽出した着色料で緑に色づけされたホイップクリームに薄くスライスした青リンゴなどの果物が添えられ、緑の色にこだわった料理がたくさんの工夫とともに提供されます。

ピレネー山脈以北のヨーロッパでは、当時、食用になる植物はほとんどなく、ハーブ以外の野菜はたいへんなご馳走とされたのです。

5.

地の精霊を目覚めさせ愛を育むダンス

　広場に立てられたメイポールの周りでは、少女たちがポールから下がるカラフルなリボンの端を持って、足を踏み鳴らし飛び跳ねながらダンスをします。そのダンスやリンリンと鳴るベルは、まどろんでいる地の精霊たちを目覚めさせ、眠っている野原や森の植物の成長を促し、今年もまた大きな収穫をもたらすように働きかけるのです。

　春のエネルギーがあふれ花々が咲きはじめるこの時期、少女たちによって披露されるリボンを編むダンスには、春を編み、愛を育み、大地が潤う豊穣の願いが込められているのです。

✵5月のとっておきのハーブ

なだめ草 ディル

和名／イノンド　学名／*Anethum graveolens*

古くより不思議な霊力を持っている草と信じられ、魔除け草として
魔術にも使われたディルは癒しの効果もあり、子供のむずかりもしずめるといいます。

羽のようにやわらかな明るい緑色の葉と、5月から初夏にかけて黄色いカサを広げたような花が特徴の一年草です。清々しい香りとエレガントな容姿のこの草もまた、古来ヨーロッパでは魔除けの草として知られています。古代オリエントからローマ帝国の発展とともにヨーロッパ全域に広まった植物のひとつです。

悪魔の呪文を解いたり、邪眼を除けるために使われた特別な力がある魔除け草といわれ、同時に魔女が呪文をかけたり、魔術を使うときにもこの草を利用したともいわれます。そのようなことから、不思議な霊力を持っている草と信じられてきました。

そのほか、ディルには心を穏やかにする効き目もあるということから、鎮静、催眠にも利用されてきました。ディルの語源をたどると古代北欧語「Dilla」（なだめる）に由来するので、なるほどと思われます。

魔除けといわれる由縁は悪魔の魔力もなだめて解くということなのでしょうか。

5.

また幸運をもたらす草としても信じられていたので、結婚式で花嫁は塩とディルの小枝を靴の中に入れて幸せな生涯を祈ったと伝えられます。

ディルの使いみち

ディルの爽やかな香りは、気分をリフレッシュし、優しい気持ちにさせる効果があります。

ミルクにディルの種を入れて温めたものは神経をやわらげ、子供がむずかったときに飲ませると落ち着くので、"むずかりのハーブ"とも呼ばれています。

ディルは花、種子、葉、茎全草が利用でき、甘みをおびた爽やかな香りは素材の味をもまろやかにするため、肉や魚はもちろん、卵や野菜料理、パンや焼き菓子など、さまざまな料理に利用されます。

また、カリウム、ナトリウムなどのミネラル成分に富み、消化不良にもよいといわれる利用価値の高いハーブです。特に酢の料理との相性がよく、マリネやピクルス、ザワークラウトの香り付けには欠かせない香草です。

✶5月のおいしい魔女のレシピ

喜ばしい春の到来と、きたるべき夏を迎える五月祭。
森も野原も緑にあふれ、テーブルの上には工夫をこらした緑の料理が並びます。

緑のペパーミントライス

中世レシピからアレンジ。緑色が爽やかで、意外とおいしい…！

材料（4人分）

ペパーミント（包丁でみじん切り）
　……大さじ5
パセリ（包丁でみじん切り）……大さじ5
米……2カップ
水……4カップ
バター……大さじ2
塩……小さじ1/4

作り方

①ペパーミントとパセリのみじん切りはミキサーでペースト状にして大さじ4は別にとっておき、色味の補足に使用。
②米はさっと洗い浸水させてから、強火で沸騰させる。のペースト大さじ6を入れ、フタをして弱火で12～15分、汁気がなくなるまで火にかける。
③とっておいた❶とバターを入れて混ぜ、塩で調味すれば、緑色のライスのできあがり！

緑色が美しく映えるよう盛りつける皿の色を工夫して！

簡単でおいしいディルソース

野菜、魚、肉、なんにでも合う

材料（4～5人分）

ディルの葉（包丁で細かくたたいたもの）
　……大さじ2
ブイヨンキューブ……1/4個
　（細かく削り大さじ1の湯で溶かす）
和辛子……小さじ1
マヨネーズ……大さじ5
レモン汁……大さじ1

作り方

すべての材料を器に入れてよく混ぜればできあがり！

＊野菜スティックに、ビーフステーキに、サケやヒラメのムニエルに。簡単なのにおいしい！

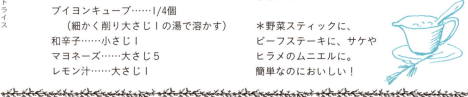

5.

緑あふれる5月のサラダ
緑いっぱい季節を感じて

材料（たっぷり4人分）

A
- レタス……1/2個（洗ってちぎっておく）
- セロリ……1本（約4cmにカットし、薄切り）

B
- えんどう豆……1カップ
- そら豆……1カップ
- アスパラガス……4本
- ブロッコリー……1/2個

C
- ミントの葉（みじん切り）……大さじ1
- セロリの葉（みじん切り）……大さじ1/2
- ディルの葉（みじん切り）……大さじ1

フレンチドレッシング……1/2カップ
（＊手作りする場合は、酢・オリーブオイルを
1：1で混ぜ、塩・こしょうする。）

作り方

①**B**の材料を少量の塩を入れた熱湯で1分茹で、ざるにあげる。
②皿に**A**を盛り❶を加えて美しく盛る。
③**C**を加え、フレンチドレッシングをかけ、和える。

フレンチドレッシング

Point　ドレッシングは野菜の元気を保つため食べる直前にかける！

✲5月の魔女の手仕事

幸せを運んでくれるシューズキーパー。
靴の形を整え、靴をよい香りで保ちます。プレゼントにも喜ばれそうです。

愛を育むシューズキーパー作り

花嫁の幸せを祈って靴に入れたと伝えられるディル。
愛の花ローズも加えて作るシューズキーパー

材料（1足分／すべてドライハーブを使用）

A
- バラの花びら……15g
- ラベンダー……25g
- ディルの種……2g
- ミントの葉……2g
- ラベンダーのエッセンシャルオイル
  ……5滴

木綿布……4枚（12×12cm）
リボン……7cm（1cm幅）を2本

作り方

① **A**の材料を混ぜておく。
② 木綿布をハート形に4枚カットする。
③ ❷のハート2枚を裏合わせにして、リボンを輪にしたものを挟み縫い合わせる。最後の3.5cmは縫わないでおく。
④ ひっくり返して❶を詰める。
⑤ 最後に間をかがってできあがり。もうひとつも同じように作る。

✳5月の魔女のお茶時間

太陽と春を夢見て育ったイチゴ。甘い香りと酸味と
プチプチした種が口のなかで5月のアンサンブルを奏でます。

メイ・ドリンク（メイデーの飲み物）

ピンク色でうっとり…。ウッドラフの香りはメイ・ドリンクに欠かせない

材料（4人分）
イチゴ……12個（1/4にカット）
ウッドラフの葉……8枚
白ワイン……4カップ
砂糖……大さじ3

作り方
①イチゴは洗ってカットする。
②白ワインにウッドラフの葉をしばらく浸して香りを移す。
③イチゴに砂糖を加え、ウッドラフの葉を取り除いた❷のワインを注ぎできあがり。

＊ウッドラフが入手できない場合は、桜の花の塩漬け（さっと塩抜きする）で代用。春の香りたっぷり！

column

緑の魔力

　芽生えたばかりの若葉は淡いピンク系、銀緑色、若草色、黄色系とさまざまな緑色のバリエーションがあって、野山をかすむようにおおいます。5月、あたりは鮮やかな緑一色の景色が広がっています。緑色は数ある魔力を持つ色のひとつにかぞえられます。

　大地を甦らせ、見る間に木々をおおう驚異的な緑の力に古人は不思議な力を感じ、魔力の色と考えたのでしょう。色彩心理学的には緑色は安定と安らぎの色だそうです。

080

6.
Jun

01
02
03
04
05
06
07
08
09
10
11
12
13
14
15
16
17
18
19
20
21 リサの祭り、夏至の円※
22
23
24
25
26
27
28
29
30

※夏至の日は年により異なります。

081

✲ **6月の祭り**
　リサの祭り
　夏至の日

✲ **6月のとっておきのハーブ**
　記憶の草 ローズマリー

✲ **6月のおいしい魔女のレシピ**
　ローズマリーのハーブビネガー
　ラムチョップのローズマリー風味焼き

✲ **6月の魔女の手仕事**
　愛を誘うピロー作り

✲ **6月の魔女のお茶時間**
　サマーワイン

〜季(とき)のことば〜

リサの祭り
夏至
夏の到来
輝ける太陽
薬草採り
実りの始まり
ジューンブライド

魔女は夏至の日、丘の上で一晩中火を焚き、昇る太陽を迎え、讃えます。
そして、その活力を吸収して、森に入り薬草集めをします。
夏至の薬草には特別の治癒力があり、太陽と闇を
呪縛することができるため、薬草にとっても重要な日であります。

✸ 6月の祭り

リサの祭り・夏至の日

リサの祭りは太陽の最強の時「夏至」に行われ、魔女たちは聖なる小高い場所で待ち、昇りくる太陽を迎え讃えます。同時に太陽の輝きを最大に蓄えた薬草集めも行います。薬草の治癒力も最高になる「パワーの時」です。

　リサの祭りは昼間の時間が最も長い夏至にあたります。魔女たちは太陽が闇に勝利したことを祝い、丘の中腹や有史以前のものとされる神聖な場所に集まり、美と生命の象徴である「夏の女王」を讃えるために、一晩中屋外で火を焚き、昇りくる太陽を迎えます。

　古代ケルト人の夏至の儀式では、燃えさかる車輪を川まで転がし落とし、引き上げた車輪を太陽の神殿に納めたそうです。車輪は巡りくる太陽の運行になぞらえて、太陽の象徴と考えられたのです。太陽は次の年の収穫を約束してくれるもの、闇をも照らす超自然の力であると信じられました。

　変化する天のリズムと一体化し、自然のエネルギーを取り入れる魔女たちにとって、夏至は勝ち誇った太陽の意「ソル・インビクター」から強さとパワーを引き寄せる特別な日なのです。古代ケルト人はまた、太陽の力が最高潮に達するこの時期、輝ける太陽神と大地の恵みの女神が結婚し、天と地が一体化する神聖な時と考えました。絶頂期にある太陽の活力を吸収し、これから日が短くなる秋、そして冬至までの間、その活力を保ち続けられるように願ったのです。

6.

Midsummer Herbs

夏至の薬草採り

　夏至の日は、植物のエネルギーとパワーが最大になり、薬草の治癒力も最高になるといわれ、薬草採りには重要な日です。古くから伝わるイギリスの民間行事では、夏至の祭りに森や野原から摘んできたさまざまな霊力のある植物を戸口に下げて、邪悪なものが家のなかに入らないようにしたそうです。ディルはそのなかでも欠かせない薬草だったということです。特にマグワート（ヨモギ）、セント・ジョンズワート（オトギリソウ）、マリーゴールド（キンセンカ）は夏至の聖なる植物で、そのなかに太陽と闇を呪縛することができると信じられ、魔女たちは森へ入り薬草集めをします。ちなみに夏至に摘まれるそのほかの植物はカモミール（カミツレ）、プランテイン（ヘラオオバコ）、ヤロー（ノコギリソウ）、ワームウッド（ニガヨモギ）、ヴァレリアン（セイヨウカノコソウ）などです。

　昼の時間が最も長く、太陽のエネルギーも頂点に達する夏至に摘む薬草には太陽の強い力が宿り、さらにかがり火でいぶされたものは薬の効果も最大になると信じられ、特別に「ミッドサマー・ハーブ」と呼ばれて貴重なものとして扱われました。

幸せな花嫁ジューンブライド

　６月の花嫁「ジューンブライド」は幸せになるといわれますが、生命力にあふれるこの時期は命を育むといわれる「夏の女王」の祝福の季節でもあります。そのため、ヨーロッパの人々は花嫁の幸せが約束されると信じたのでしょう。

　また、夏至から最初の満月は蜜にあふれ、ハニームーンに適しているということも理由のひとつのようです。夏至は愛のまじないを行うのにもよい時期とされ、特に植物と関わるまじないが力を発揮するそう。守護木を身につけておくと強い愛に守られ、夏至にもらった花や買った花は乾燥させて飾っておくとひと夏を守ってくれるそうです。

6.

自然と自分を調和させる

　夏至には、外へのエネルギーを働かせるのによいとされ、夕空の下で行われるミッドサマーの"お祭りの火"をまわる儀式は大勢の人々が集まり活気に満ち、知らない人々との交流も盛んに行われます。人々は常に火を太陽の運行に合わせてまわります。

　またこの日は、野外に座って美しい夜空を眺めたり、たくさんの人と出会い、知らないことをいろいろ学ぶのによい時でもあります。湖や川など水辺に出かけ、宇宙のエネルギーや全生命の起源である水のパワーと自らを調和させ、今ある自分を感じるよい機会です。

　さらに、6月24日は「ミッドサマー」と呼ばれ、ベルテーン同様に妖精が現れたり、不思議が起こりやすい日でもあります。シェークスピアの戯曲『真夏の夜の夢』は、森のなかで妖精たちと人間が繰り広げる夏至の夜の幻想的な物語ですが、森に不思議なエネルギーが満ちあふれるこの日ならではのお話で、夏至の言い伝えにちなんでいるものと思われます。

✲ 6月のとっておきのハーブ

記憶の草 ローズマリー
和名／マンネンロウ　学名／*Rosmarinus officinalis*

ローズマリーは、常緑でその香りがいつまでも消えないことから
「記憶のハーブ」と呼ばれ、その愛や死の記憶がいつまでも心に残るように、
結婚式や葬儀に用いられてきました。

ローズマリーは、濃緑色の針状でツヤのある葉を持ち、冬でも青々と茂る常緑の灌木です。軽く葉に触れるだけできりりとした爽やかな香りが広がり、触った指にはいつまでも香りが残ります。深緑の葉の裏は銀白色で、6月初めごろ葉の根元から咲く花は「海の滴」という意味の学名のとおり美しい青色です。

まっすぐに伸びる立性と、横に伸びるほふく性とがあり、後者は垣根などに利用され、ヨーロッパでは墓地の垣根に植えられているのを見かけます。

香りがいつまでも消えないことから、古代ギリシャ時代から記憶力と関連して考えられ、脳の働きを活発化し、記憶力を増すと信じられてきました。古代の学生たちは記憶力を高めるために、この枝の香りを嗅ぎながら勉強したとか。また、復活の聖なる植物として神々を飾り、薫香として悪霊を払い場を清めたといいます。スペインでは邪眼除けのお守りとして、イギリスではドアや窓に魔除けとしてその枝を飾ります。

6.

　このように永遠や記憶、魔除けに由来したローズマリーは、古代から葬儀や結婚に深く関わり、その死や愛を忘れないように、それらの儀式にはさまざまな形で利用されました。また、幸運をもたらす草としても信じられ、特に花嫁にとっては愛の美神ビーナスと同じく、ローズマリーは海から生まれたということで、愛を約束するハーブとされました。

結婚のハーブ

　シーズンを問わず艶やかで緑色のこの植物は、伐採後も香りが残り、葉の緑も変色しにくいので、常に変わらない愛がいつまでも続き、その愛を忘れないように、古代ギリシャ時代から結婚式のいろいろな場面で登場します。美しいリボンで束ねられたローズマリーの小枝は、結婚式の招待状に添えられたり、結婚式の出席者に贈られたといいます。

　結婚式には古代ギリシャのころからウェディングケーキを焼く風習があり、参列者に供されたそうで、ケーキには多産を願うアニスシードと記憶のローズマリーの葉が焼き込められたとあります。

　さらに、結婚の祈りとともに司祭が花婿と花嫁の頭上に贈るチャプレット、またはガーランドと呼ばれる花冠に好んで使われたのがこのローズマリーです。チャプレットに使われたそのほかのハーブはマートル、ギリシャではスミレが、ローマではバラの花が好まれたそうで、いずれも愛に関わる植物です。

人生の新たなスタートともいえる重要な行事である結婚式は、ふたりの、そしてふたりを取り巻く多くの人々の祈りと希望が凝縮されています。まさしく、それにふさわしい由来のハーブです。

ウェディングストローイング

　ヨーロッパには、正装した花婿と花嫁が教会まで歩く道を、香りのよい花やハーブで敷きつめる「ウェディングストローイング」という習慣があります。これは古代ギリシャ時代から続くもので、魔除けといわれるマージョラムとともに、記憶のローズマリーが撒かれたと伝えられます。ふたりの新しい人生に悪いことがないように、永遠の愛が続くようにという祈りが込められています。

　ローズマリーは記憶ばかりか殺菌効果も高いので、病魔に侵されることがない健康な人生への願いも込められていたに違いありません。

　花婿、花嫁が手を取りあって歩を進めるたびにマージョラムやローズマリーの甘く爽やかな香りがあたりに漂い、喜びの気分はいっそう盛り上がったことでしょう。

6.

ローズマリーの使いみち

ローズマリーは、記憶力アップはもちろん、リフレッシュ、活力や元気の回復効果があり、健胃、食欲増進にも役立ちます。ローズマリーに含まれる成分ロスマリネシンの働きによって消化器系、肝臓、胆のうに刺激を与え、それらの機能を活発化します。また頭痛にも効果があり、ローズマリーのエッセンシャルオイルをホホバオイルで薄めたもので頭のマッサージをすると楽になります。そのほか血行を促進させ、血管の強化にも役立ち、生理痛にも効き目があります。

酢に漬けて作るローズマリービネガーは、夏の食欲不振時にとても便利で、マリネにしたり、野菜にオイルと一緒にかけておいしくいただけます。肉料理との相性もよく、特に鶏肉、羊肉の味を引き立てます。塩・こしょうしたラム肉にカリカリに炒ったパン粉とローズマリーをのせて焼くラムチョップは絶品で、ラム肉の匂いが苦手な人もローズマリーの香りと相まって肉の旨みを引き出し大いに楽しめます。

また14世紀、高齢であるハンガリー王妃の肌を若返らせ、手のしびれを改善したことで有名な"ハンガリーウォーター"は、ローズマリーをベースに作られた化粧水で、肌を美しく若々しく保つことができたと伝えられます。

✳6月のおいしい魔女のレシピ

ローズマリーの効果と旨さを生かした、おいしい保存食。
ローズマリービネガーと、元気回復のラム料理。

ローズマリーのハーブビネガー

便利で万能、優れもの

材料（約700cc）

フレッシュローズマリーの枝
　……3〜4本
ワイン酢（リンゴ酢、コメ酢でも可）
　……1本
好みでコリアンダー、ディルの種、
　粒こしょう……適量

作り方

①ローズマリーの枝は洗って、布巾で水気を拭き取り、完全に水気が切れるよう風通しのよいところに半日吊るす。
②ワイン酢のビンの酢を少し別へ移し❶をビンに詰める。
③移した酢を戻してフタをする。
④日当たりのよい窓辺に❸を2週間ほど置いて酢に香りが移ったら、ローズマリーの枝を取り出し、新しい枝を入れる。
⑤好みで❷の段階でコリアンダー、ディルの種、粒こしょうを入れる（❹で枝を取り出すとき、これらは入れたままに）。

＊ローズマリーのほか、タイム、タラゴン、ディル、ミントなど、たいがいのハーブはハーブビネガーとして使える。
＊ハーブビネガーはオリーブオイルと混ぜても素晴らしいドレッシングになるし、ピクルスやマリネを作るのにもとても便利。また、肉や魚の下ごしらえに使うと生臭さが取れて仕上がりがさっぱりする。

Point　ハーブの枝の水気をしっかり拭き取る。

ラムチョップのローズマリー風味

羊肉のクセを旨みに変えるローズマリーの香りの力

材料（4人分）

ラムチョップ……8本
ローズマリー……大さじ4
パン粉……大さじ5
ニンニク（みじん切り）……小さじ2
パセリ（みじん切り）……大さじ5
塩、こしょう……各小さじ1/2
オリーブオイル……大さじ1
クレソン……4枝

作り方

①ラム肉は余分な脂を取り除き、塩・こしょうをすり込む。ローズマリー、パン粉、ニンニク、パセリをオリーブオイルをひいたフライパンで炒める。
②ラム肉の両面に炒めた❶をのせ、こぼれ落ちないように押さえる。
③オーブンを180℃に温めておく。
④オーブンの網の上に❷を並べ、15分焼く。
⑤ラム肉の表面のパン粉がカリカリになったらできあがり。肉を切り、焼き具合を確認してみて。クレソンを添えて。

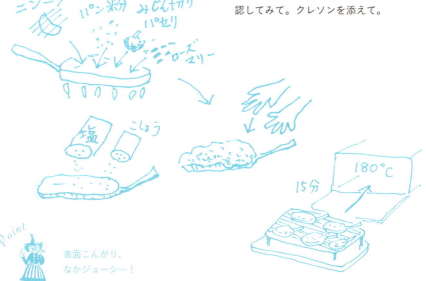

Point 表面こんがり、なかジューシー！

✳︎ 6月の魔女の手仕事

乾燥させた香りのよいハーブは、古代より枕やマットレスに入れられ安らかな眠りを誘ってきました。愛し合うふたりには愛の枕を。

愛を誘うピロー作り
愛にまつわる花々とハーブで作る香り豊かな枕

材料(ピロー1個分／すべてドライハーブを使用)

バラの花びら……30g
ニオイスミレの花
　あるいはオレンジの花……10g
ラベンダー……10g
ペパーミント……2g
ローズマリー……2g
イランイランの精油……3滴
優しい色合いの布27cm×19cm
(5〜7mmの縫い代を取りワキ10cm開けて縫う)

作り方

① やわらかい色の布を選び、縫い合わせて袋を作る。10cmほど、ハーブを入れる口だけ縫わないでおく。
② すべてのハーブと精油を混ぜる。
③ ②のハーブを袋に入れて、口を縫い閉じたらできあがり！

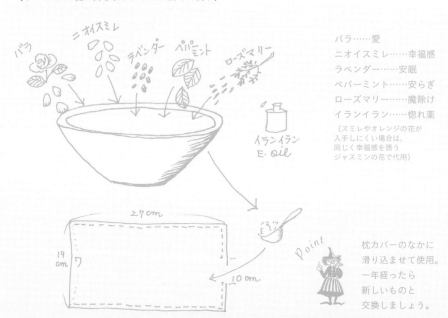

バラ……愛
ニオイスミレ……幸福感
ラベンダー……安眠
ペパーミント……安らぎ
ローズマリー……魔除け
イランイラン……惚れ薬
(スミレやオレンジの花が
入手しにくい場合は、
同じく幸福感を誘う
ジャスミンの花で代用)

枕カバーのなかに
滑り込ませて使用。
一年経ったら
新しいものと
交換しましょう。

✴6月の魔女のお茶時間

真夏の夜の夢ならぬミッドサマーの宵の集まりに。
ファンタスティックな気分を盛り上げる
きれいな彩りのサマーワインをどうぞ。

サマーワイン

フルーティーで爽やか。甘い夏の宵に…

材料（たっぷり10人分）

- フレッシュペパーミント……4本
- 辛口白ワイン……1本
- オレンジジュース……200cc
- シナモンスティック……3本
- イチゴ……30g（1/4にカット）
- ラズベリー……30g
- ジンジャーエール……200cc
- ブランデー……50cc
- ボリジなどハーブの花……10個

作り方

①ペパーミントの枝は洗って水気をしっかり取り除き、1時間ほど吊るして乾かす。
②❶をボウルに入れてワインとオレンジジュースを注ぎ入れる。シナモンスティック、イチゴとラズベリーも入れてラップをして冷蔵庫で30分冷やす。
③ペパーミントの枝を取り出し、パンチボウルに入れて、冷たくしたジンジャーエールとブランデーも入れて、ボリジなどのハーブの花を浮かべればできあがり！　ジンジャーエールの泡が立っているうちに。

column

雨上がり

　雨上がりの空に虹が出て美しく空を彩っています。都会の小さな空に見える虹に気づく人はあまりいません。子供のころ、虹のアーチの端っこが知りたくてどこまでも歩いたことがあります。虹の端はたどり着く前に消えてしまいます。

01	ラベンダーの儀式 （正確な日付は不明）
02	
03	
04	
05	
06	
07	
08	
09	
10	
11	
12	
13	
14	
15	
16	
17	
18	
19	
20	
21	
22	
23	
24	
25	
26	
27	
28	
29	
30	
31	

7.
July

※ **7月の祭り**
　　ラベンダーの儀式

※ **7月のとっておきのハーブ**
　　香りの庭の女王 ラベンダー

※ **7月のおいしい魔女のレシピ**
　　ラベンダーの砂糖漬け
　　ディルの香りの爽やかマリネ

※ **7月の魔女の手仕事**
　　ラベンダースティック作り

※ **7月の魔女のお茶時間**
　　ラベンダーカルピス

〜季(とき)のことば〜

盛夏
ラベンダーの開花
麦わら帽子
夏野菜

夏の豊富な果実や野菜、
力強い太陽をあびる楽しみを思う存分満喫できる季節です。
魔女たちは野原いっぱい咲いたラベンダーの花を摘んで、
砂糖菓子作りや、冬の間も香りを楽しめるよう
ラベンダースティックを作り、次の季節に備えます。

✴ 7月の祭り

ラベンダーの儀式

古くからヨーロッパの人々の生活に密着してきたラベンダー。
宮廷ではさまざまなラベンダーを用いた行事が行われていました。

「紫色の妖精」と讃えられる、清々しい香りのラベンダーは、古代ギリシャ、ローマ時代からヨーロッパの人々の日常生活に利用され愛されてきたハーブです。

特にイギリスではエリザベス一世、ビクトリア両女王がこよなく愛し、宮廷のさまざまな場面に登場します。たとえば、夏の祝賀会では、ラベンダーの枝に火をつけて投げることが儀式の一部として行われ、夜会を華やかに彩ったといいます。エリザベス一世の父君ヘンリー八世は、このころはまだイギリスでは珍しかったラベンダーを王宮庭園で育て、娘のためにベッドを作らせたと伝えられます。幼少のころよりラベンダーの香りに包まれて育ったエリザベス一世の机の上には、常にラベンダーの砂糖漬けが置いてあったそう。また、中世には悪魔払いとして、ラベンダーの花束をドアや窓に吊るしたとあります。殺菌作用が強いラベンダーは魔除けの効果の期待も大きかったのかもしれません。

さらに、ラベンダーは女神「ヘカテー」に捧げる花でもあります。ヘカテーはギリシア神話では天上、地上、地下（冥界）に権限を持ち、後に「魔女の女王」と呼ばれるようになります。

✲ 7月のとっておきのハーブ 7.

香りの庭の女王 ラベンダー

和名／ラベンダー　学名／lavandula officinalis

「香りの庭の女王」と称されるラベンダーは、その香りの素晴らしさのみならず、頭痛や筋肉痛、虫刺され、日焼け、湿疹、不眠などにも効果のある、古来ヨーロッパでは日常生活に欠かせない万能なハーブです。

　清々しい香りと美しい紫色の花で、誰しもを魅了するラベンダー。日当たりのよい石灰質土を好むシソ科の多年草で、初夏にかけて花穂を伸ばし開花します。
　そのキリッとした爽やかな香りは、古代よりヨーロッパの人々に好まれ、生活のいろいろな場面に登場します。たとえば、古代ギリシャやローマの人々はラベンダーの茂みの上で洗濯物を乾かして、その香りを衣服や夜具に付けたそうです。
　ラベンダーという名はラテン語の「洗う＝LavendulaやLavare」に由来したといわれ、入浴剤としても古くから利用されるなど、「清潔」「純潔」のイメージが強くあります。ローマ人によってイギリスやフランスなど欧州各地にもたらされたラベンダーは、その効能と香りの魅力によって、宮廷をはじめ庶民の生活に根を下ろし今日に至ります。中世の街では、7月のラベンダーの開花時になると、ラベンダー売りの声が響き、タンスなどの虫除けのために使われていたラベンダーの交換の時期を知らせました。その強い殺菌作用と癒し効果は、人々の生活には欠かせないハーブでした。

✲7月のおいしい魔女のレシピ

エリザベス一世が愛した砂糖菓子。
ラベンダーの香りとほろ苦さが口のなかに広がります。

ラベンダーの砂糖漬け

女王気分でつまんでみれば…

材料（5〜6人分）

フレッシュラベンダーの花とつぼみ
　（無農薬のもの）……20g
卵白……1個分
粉砂糖……50g

作り方

①摘み取ったラベンダーを洗って、水気を切り、茎から花穂を切り離し、重ならないように紙にバラバラに広げて乾かす。
②卵白は、白く不透明になるまでフォークでかき混ぜる。このとき泡立てないようにする。
③ラベンダーの花に卵白を塗り、バットに広げた粉砂糖のなかに入れて、表面にたっぷり粉砂糖をまぶす。
④紙の上に❸を重ならないように並べ、そのまま乾燥させる。すっかり乾燥して硬くなったら、砂糖漬け同士がくっつかないように、紙をはさみながらビンに入れ保管する。

Point ビンに乾燥剤を入れると保存性が高まる。

ディルの香りの爽やかマリネ

夏こそさっぱりするマリネ

材料（4人分）

エビ（大きめ）……6尾
玉ねぎ……1個
セロリ……1本
スモークサーモン……100g
ディル……2枝
白ワイン……適量
酢……大さじ3
サラダオイル……大さじ3
塩、こしょう……少々

作り方

①エビは殻をむいて背ワタを取り、沸騰した湯で1分茹でる。1/3に斜めにカットし白ワインをふりかけておく。エビ、サーモン、ディルの葉はトッピング用に少しとっておく。
②酢、サラダオイル、塩・こしょうは容器で混ぜ、ドレッシングを作る。
③玉ねぎ、セロリは薄くスライスし塩少々をふりかけて全体に混ぜ、しばらくおいて、軽く手で絞り余分な水分を取る。
④バットに❸を広げ、エビ、サーモン、ディルの葉をのせドレッシングをまわしかけ、軽く混ぜてなじませ、ラップをして冷蔵庫で冷やす。
⑤テーブルに出す寸前に❹を皿に盛り付け、残しておいたエビ、サーモン、ディルをトッピングしてできあがり！ 冷たいうちにどうぞ。

✳︎7月の魔女の手仕事

花盛りのこの時期、フレッシュなラベンダーで作る素敵なスティック。
冬の間も香りを楽しむ魔女の知恵！

ラベンダースティック作り
生花が手に入ったら、ぜひ作ってみて

用意するもの
フレッシュラベンダー
　……11〜15本（奇数の本数）
リボン……1m

作り方
①ラベンダーは11、13、15本など奇数で束ね、花の下部分をリボンで結ぶ。
②花穂を包むように茎を1本ずつ反対側に折り曲げる。長い方のリボンは上から出しておく。
③茎を縦糸に見立て、交互に長い方のリボンで編んでいく。
④編み終わったら、中をくぐらせた短い方のリボンと結び整えればできあがり！　タンスや車に下げて香りを楽しむ。

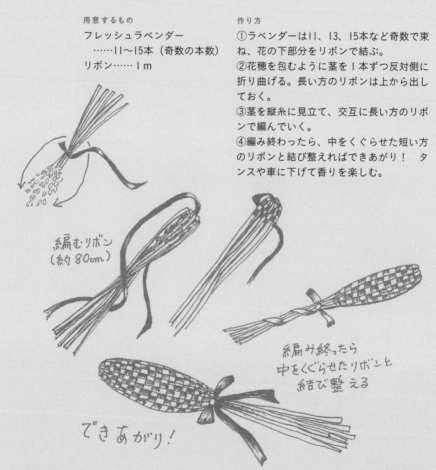

✲ 7月の魔女のお茶時間

風がそっと運んできたのは、清々しいラベンダーの香りです。
むし暑い時期に植物は、ほっとする香りを運んできてくれます。

ラベンダーカルピス
薄紫の涼しげな飲み物

材料（1人分）
ドライラベンダー……小さじ3
沸騰した湯……150cc
カルピス……30cc

作り方
①ティーポットにラベンダーを入れて熱湯を注ぎ3分待ち、ラベンダーティーを作る。
②❶をカップに注ぎ、カルピスを入れてかき混ぜれば、薄紫色の素敵な飲み物ができあがり！

Point
アイスにする場合は、
少し濃度を上げて作り
氷を入れる。
ラベンダーティーが
苦手な人も、
これなら飲みやすい。

---

column

入浴効果

　忙しかった一日から解放され、たどり着くのはバスルーム。夏はシャワーだけという人が多いようですが、疲れを取ろうと思ったら夏こそバスタブ入浴がおすすめ。入浴には温熱、水圧、浮力などの作用があります。温熱作用は血行がよくなり、汗とともに体内の老廃物や毛穴の汚れが外に出やすくなります。また、お風呂の水圧は案外高く、心臓の働きが活発になり、きれいな血液が体内を巡り、代謝をよくします。体重の負担が減る浮力作用は、心身ともにリラックス効果が期待できます。やはりバスタブ入浴はあなどれませんね。特にラベンダーなどオイル入浴は効果倍増です。

01　ルーナサの祭り、
　　ラマス（パンの祭り）
02
03
04
05
06
07
08
09
10
11
12
13
14
15
16
17
18
19
20
21
22
23
24
25
26
27
28
29
30
31

8.
August

※8月の祭り
　　ルーナサの祭り
　　ラマス（パンの祭り）

※8月のとっておきのハーブ
　　魔女のほうき草 ブルーム

※8月のおいしい魔女のレシピ
　　ミントシャーベット
　　バジルペースト

※8月の魔女の手仕事
　　魔女のほうき作り

※8月の魔女のお茶時間
　　スパイスホットハーブティー

～季の(とき)ことば～

ルーナサの祭り
実りの始まり
大地の祝福
パンの日
収穫への感謝
大地の精霊の声を聴く時

強い夏の日差しも夕刻には涼風が立ち、
季節は実りの時期に移行していきます。
魔女たちは神の恵みを得て、収穫に感謝し、大地を祝福します。
また、余分なものを処分して身軽になり、自身の実りに集中できる時です。

✵ 8月の祭り

ルーナサの祭り・ラマス（パンの祭り）

ルーナサの祭りは、繁栄の季節である夏が絶頂に達したことを告げ、
間もなく実りの季節へと移行し、穀物の収穫の始まりを祝う祭りです。

　ルーナサは穀物の収穫の始まりを祝う祭りです。この祭は、その名が示すように「ケルトの戦いと光の神」ルーフ（またはルー）と関連しています。ルーフには「光り輝くもの」の意味があり、太陽と深い関わりがあります。太陽神ルーフは、またの名を「ルーナサ」と呼ばれていました。ルーフはこの日、穀物に宿って大きな実りを導くとされています。

　この祭りの日は、収穫とより多くの実りを祈り、神の恩恵が得られるように準備をする日でもあります。ヨーロッパに伝わる、小麦の茎を編んで作る「コーンドーリー」というお守りは、元来、小麦の霊を捕まえて、次の年の豊かな収穫を確かなものにする願いと、大地の精霊を讃えることを目的として作られたもの。ルーナサの祭りの名残と考えられています。キリスト教では「ラマス」という最初に実をつけた麦から作ったパンを神に奉献して祝う、パンの祝日です。

　また、フランスのブルターニュ地方では「ハリエニシダの祭り」として祝います。ハリエニシダ（ブルーム）の黄色い花は太陽神ルーフを象徴する恵みの花で、多くの実りを与えてくれる太陽神に捧げるものです。

8.

不要なものを捨て、自身の実りに集中する

　ルーナサは、収穫の時期であり、また選別の時期でもあります。収穫した小麦は実と籾殻に分けられます。収穫した小麦の実と籾殻とを分けることは、日常生活においても、与えられた恵みに感謝し、同時に、捨てるべきものを決めることに当てはめられます。このことから、ルーナサは、悪い習慣をやめるのによい時期とされます。魔女たちは、小麦を籾殻から脱穀するこの時期に、生活のなかにある、捨てなければならないものに注意を向けます。不要なものを処分し、身軽になれば、自分自身の実りに集中できるのです。

　その年に自分が収穫したものは何だったかを考えることは、精神的、物質的に支えてくれた人やことを認識し感謝するために必要です。捨てるべきもの、必要のないものを取り除くことも豊穣の祝いと同様、収穫の大切な要素と魔女たちは考えます。その一方で、実りの豊かな自然に分け入り、大地の精霊の声に耳を傾けます。

　また、神の恵みを得て収穫したことに感謝して大地を祝福し、再び来年のこの時期に恩恵が受けられるよう祝い祈るのです。

✤ 8月のとっておきのハーブ

魔女のほうき草 ブルーム
和名／エニシダ　学名／*Cytisus scoparius*

英語でほうきの意味を持つこのハーブは、その名の通り、
魔女がほうきを作るのに用いたとされるハーブです。荒地でもよく育ち、
春に咲く明るい黄色の花は、古代には太陽神に捧げられました。

　黄色いエニシダの花がドーンと咲いているのを見ると、なぜか元気になります。黄色い花を咲かせる植物は数えきれないほどありますが、エニシダの花は、枝いっぱい輝くように咲くので、あたりの空気までも明るませます。ケルト人は、エニシダの黄色い花に太陽のエネルギーを感じ、光を司る太陽神ルーフを象徴する花と考えたようです。細い枝はしなやかで、わずかな風にも反応し優美で繊細な印象を受けますが、意外に丈夫で風で折れたりすることはめったにありません。黄色い花を咲かせた後、マメ科のこの植物は8月には枝いっぱいに豆をつけます。

　エニシダの仲間であるハニエニシダが鬱蒼と茂るところは、「魔女の住処」と伝えられ、魔女はこの木でほうきを作るといわれています。エニシダは英名で「broom（ブルーム）」といい、「ほうき」と訳します。ヨーロッパでは古くから、ほうきを作る材料として使われてきました。細かい枝は、まさにほうきとして使うには最適。ハニエニシダはエニシダと同じく黄色い花を咲かせますが、エニシダと違って枝先には鋭

いトゲを持ち、葉にはさらに小さなトゲがあります。強風が吹き荒れる荒野でも厳しい寒さの土地でも生き延びるといわれる、生命力の強い植物です。そのためパワフルな魔女の住処として、うってつけのイメージなのでしょう。

魔女の飛行の秘密

　魔女の飛行については諸説あって、悪魔にもらった空飛ぶ軟膏を身体に塗るとか、呪文で飛ぶとかいわれますが、ほうきの材料であるブルームにこそ、その秘密があると推測されます。
　それはこの樹木に含まれているスパルテインという成分によります。なぜならこのスパルテインには、軽い麻酔作用があるからです。ブルームの枝を束ねてほうきを作る際に、何らかの作用でその成分が体内に入ることがあったのではないでしょうか。
　例えば、ブルームの皮を剥いで作ったロープで束をきつく柄に縛りつけます。そのときロープの片方を口にくわえ、もう一方を手で引きながら巻きつけていたとしたら、口でくわえたブルームに含まれるスパルテインは体内で作用して意識は朦朧、ふわふわと空を飛んでいる気分になったとしても不思議ではありません。服用すると幻覚作用を催すというブルームは、ほうき作りとの関連で空を飛ぶ連想が生まれたともいえます。

✲ 8月のおいしい魔女のレシピ

この時期のハーブはよく茂り、特にミントやバジルの成長には
目を見張るものがあります。
たくさんハーブを使った爽やかなレシピをどうぞ。

ミントシャーベット
口当たりさっぱりな
デザート

材料(5〜6人分)
フレッシュミントの葉……80g
グラニュー糖……500cc
水……700cc
チョコレート……少々

作り方
①ミントの葉はよく洗って水気を取り、ミキサーでペースト状にする。
②グラニュー糖と水を火にかけ、沸騰寸前に❶を入れて火を止める。
③❷のシロップのあら熱が取れたら、バットに移し冷凍庫にいれ、固まりかかったらフォークでかき回す。この作業を3〜4回繰り返す。
④全体にザクザクと固まったらグラスに盛り付け、削ったチョコレートをトッピングし、ミントの葉を添えてできあがり！

バジルペースト

元気なバジルを太陽の光と一緒に閉じ込めて

材料（約200ccのビン1本分）

フレッシュバジルの葉……50g
松の実……20g
ニンニク……1片
オリーブオイル……80cc
塩、こしょう……少々

作り方

①バジルの葉は水で洗ってキッチンペーパーでよく水気を取る。松の実、ニンニクは刻んでおく。
②フードプロセッサーに松の実とニンニク、オリーブオイル大さじ2を入れてペースト状にする。
③バジルと残りのオリーブオイルを入れてさらにフードプロセッサーでなめらかにし、塩・こしょうを加えて、さっと回したらできあがり！

＊熱湯消毒したビンに詰めれば2〜3週間は冷蔵庫で保管できる。スパゲッティーや魚のグリル、カナッペに加えればおいしい！

Point 日持ちさせるために、バジルの葉の水分をよーくふき取って。

✲8月の魔女の手仕事

エニシダは魔女のほうきの古来の材料。
魔除けの木でもある樺や月桂樹（ローリエ）などの細い枝もほうき作りに適しています。

魔女のほうき作り

ペンチやハサミを使う際は手を傷つけないように気をつけて！

用意するもの
ペンチ
剪定ハサミ
接着剤

材料（1本分）
ほうきの柄（径約2cm×
　長さ約65cmの木）の棒……1本
エニシダの枝（樺、月桂樹も代用可）
　……束ねてほうきになるくらいの量
ワイヤー……2.5m

作り方
①柄は、自然木なら皮を削ってなめらかにする。
②エニシダの枝は40cmくらいの長さにカットする。
③①の柄に②の枝を接着剤で一周するように貼り付け基礎を作る。
④③に沿わせて均等に残りの枝を束ねる。
⑤束ねた枝の上から4cmのところでワイヤーを2cm残し、ペンチで強く引きながら、しっかりと5周ほど巻く。最後、先に残したワイヤーでねじってきつく締める。
⑥さらに⑤で留めた2cm下の部分を同じ要領でワイヤーで5周ほど巻き締める。
⑦ほうきの枝の上下を剪定ハサミでカットしそろえればできあがり！

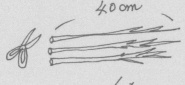

✲ 8月の魔女のお茶時間

冷たいものばかり飲んで内臓は疲れ気味で、体が重い……。
こんなときには、温かい飲み物が元気を与えてくれます。

スパイスホットハーブティー

爽やかな香りと、しょうがの辛みが心身をシャキッとさせます

材料(1人分)
ドライミント……小さじ6
しょうが……1片(薄くスライス)
カルダモン……3〜4粒(皮をむきつぶす)
シナモンスティック……1/2本
ディルの種……小さじ1

作り方
すべての材料をティーポットに入れて熱湯を注ぎフタをして3〜4分。カップに注ぎめしあがれ。

※好みでオレンジの輪切りを添えても。

column

ほうきの魔力

　日常的な道具でありながら非日常の世界を持つ「ほうき」。ほうきは、古来、魔法と関係が深く、ある種の力を持っていると考えられました。ヒンズー教や仏教の寺院では、ほうきで掃くことは礼拝の行為。俗界の汚れを聖なる場所から払うとされます。ヨーロッパでは、魔女はほうきで空を飛ぶと考え、ブルターニュ地方では、戸口を守る精霊を家から追い払わないように、幸運が逃げないようにするため、ほうきは窓や屋根から家のなかへ入れたそうです。ほうきは汚れを払うと同時に、掃き出すホコリが属する闇にも通じると信じられ、吉凶2つの世界を含有すると考えられていました。

01
02
03
04
05
06
07
08
09
10
11
12
13
14
15
16
17
18
19
20
21 マーボンの祭り
   秋分の日
22
23
24
25
26
27
28
29
30

9.
September

✲ **9月の祭り**
　マーボンの祭り
　秋分の日

✲ **9月のとっておきのハーブ**
　長寿の草 セージ

✲ **9月のおいしい魔女のレシピ**
　白いキノコのピクルス
　〈白いキノコのピクルスを使った料理〉
　ホタテのスパゲッティー

✲ **9月の魔女の手仕事**
　セージのうがい薬

✲ **9月の魔女のお茶時間**
　バランスを整えるハーブティー

〜季(とき)のことば〜

実りの時
落葉
夏の別れ
秋風
秋分
バランスの時
自然の英知と真実の探求

日増しに短くなる日の光を惜しみつつ、
魔女たちは夏に別れを告げ闇へと向かう心の旅をします。
後悔することをやめ、新しい歩を進めます。

✷ 9月の祭り

マーボンの祭り・秋分の日

マーボンの祭りは、光と影が完全につりあう秋分の日に行われます。
この日を境に夜の時間が長くなり、
夏の思い出が強い光の輝きとともに薄れていき、一種の寂しさを伴います。

　マーボンとはケルトの神で、主にウェールズ地方で信仰されていた狩りの守護神です。この祭りでは、日増しに短くなる太陽の光を惜しみ、実りを与えてくれた太陽に感謝をします。多くの樹木が葉を落とし、実や種を結ぶこの時期、自然はやがて訪れる冬の厳しい寒さに耐え、きたるべき春を待ちます。

　この季節の移り変わりを物語る神話は世界にたくさんありますが、死の世界へ行って戻ってくる話として語られています。四千年前の古都シュメールの神話に、豊穣と愛と羊飼いの女神イナンナが冥界へ行く話があります。女神が冥府にいる間は、草木は枯れ不毛の季節となり、「暗闇の世界で英知を得て帰還し、再び光の季節が訪れ、実りの季節に向かう」という自然のサイクルを語っています。これはギリシャのペルセポネ神話とよく似ています。

　マーボンの祭り以降、太陽の力は日に日に弱くなりバランスは闇の方向に傾いていき、輝かしい夏に別れを告げることから、そこにある種の悲しさがつきまといます。マーボンは日の沈む西の方向におり、死者にとっては魂が旅する方角に当たるのです。

✲9月のとっておきのハーブ 9.

長寿の草 セージ

和名／ヤクヨウサルビア　学名／*Salvia Officinalis*

「健康と長寿」という花言葉を持つセージは、はるか古代ギリシャ、
ローマの時代から霊験ある薬草として尊まれ、人々の生活にも密着してきたハーブです。

細かい泡のようなシワを持つ銀緑色の葉は、やや厚めでどっしりとした存在感があり、大きく育った株は見応えがあります。葉にはすっきりとした強い香りがあって、口に含むと心地よい苦味を感じます。初夏には青紫の花が咲き、銀緑色の葉との対比が美しくエレガントです。学名のSalviaは「救済する」、Officinalisは「薬用の」という意味があり、古くからヨーロッパでは薬草として重要視されていたことがわかります。

薬効は幅広く、消化器系から神経系のほか、循環器系や筋肉痛にまで効果があり、歯みがきとして、さらには記憶力促進に至るまで、万能薬的な役割を担ってきました。そのため、多くの家庭の庭に植えられ、主婦はそれから解熱剤やうがい薬などの常備薬を作ると同時に、食生活にも役立ててきました。イギリスでは「かかあ天下の女房が植えたセージは最も元気に育つ」といわれています。セージは肉類の脂肪を中和し、臭みを取り、消化を助けるため、肉料理の多いヨーロッパの食生活には必需品でした。また防腐作用もあるので、保存用食品、特に肉の塩漬けやソーセージ作りには欠かせないハーブだったのです。

✣ 9月のおいしい魔女のレシピ

この季節、山の木立からはひんやりとした風が抜けていき、
木々の根元の湿った落ち葉の間からは
山の滋養をたっぷり含んだキノコが顔を出しはじめます。

白いキノコのピクルス

魔女はキノコが大好き。キノコが採れる場所は秘密！

材料（4〜5人分）

マッシュルーム……200g
エリンギ……200g
漬け汁用
　ワインビネガー……2カップ
　水……2カップ
　塩……大さじ1
　ローリエの葉……1枚
　白・黒粒こしょう……少々
　タイム……2枝

作り方

①マッシュルームとエリンギは洗わずにキッチンタオルでやさしくホコリやゴミを取り、石突きを落とす。マッシュルームはカサと茎を切り離し、エリンギは縦に4等分にし、すべてをざるに入れる。
②鍋に水を用意し、塩ひとつまみ入れて沸かし❶にさっとかける。
③キッチンタオルで❷の水気を取り除き、冷めたらビンに詰める。
④漬け汁の材料を合わせ、沸騰させないで8分ほど煮て冷まし、❸のビンに注ぐ。キノコが顔を出さないように漬け汁はたっぷりと。
⑤ふたをして冷蔵庫で保管する。3日ほど経てば食べ時。

Point マッシュルームの茎は
細く刻んで
タルタルソースやドレッシングに。
各種ソースによく合う。

〈白いキノコのピクルスを使った料理〉
ホタテのスパゲッティー

白いキノコのピクルスを使って…

材料（4人分）
生のホタテ……8〜10個（1/4にカット）
玉ねぎ……1/2個（薄くスライス）
白いキノコのピクルス
　　……大さじ3（刻んだもの）
ピーマン……1/2個（できるだけ細く切る）
バター……大さじ1
白ワイン……大さじ1
生クリーム……大さじ3
塩、こしょう……少々
マージョラム……1枝
スパゲッティー……4人分

作り方
①フライパンを中火にかけ、バターを入れてホタテを表面だけさっと裏表焼き、白ワインをかけて取り出す。
②同じフライパンに玉ねぎを入れて中火でじっくり炒め、キノコのピクルス、生クリーム、塩・こしょうを入れてかき混ぜ、ピーマンを加え1分ほど炒める。ホタテを戻し入れ、マージョラムの葉を散らして火を止める。
③表記通りに茹でたスパゲッティーを❷に入れてソースとからませ、皿に盛ってできあがり！

✳︎9月の魔女の手仕事

中世ヨーロッパの主婦たちが夫や子供の風邪の治療のために作ったうがい薬。
のどの痛み、口内洗浄、歯肉炎や口内炎にも効き目があります。

セージのうがい薬
むかしから口の清めに使われていたそう

材料（1人分）
ドライセージ……小さじ4
沸騰した湯……カップ1
リンゴ酢……大さじ1

作り方
①セージをポットに入れ、熱湯を注ぎふたをして4～5分待つ。
②❶をカップに注ぎ、冷めたところでリンゴ酢を入れて混ぜる。

少しずつていねいに
うがいしましょう。

✲ 9月の魔女のお茶時間

9.

夏の暑さも遠のき、夜空は高く、月が美しい季節へと移りゆきます。
満月を横切る黒い影。もしかすると、それは魔女かもしれません。

バランスを整えるハーブティー
この時期にちょうどよいリラックスできるお茶

材料（1回分／すべてドライハーブ）
カモミール……小さじ1
→体を温め神経を鎮める
ローズヒップ……小さじ1
→ビタミンC補給
ディルシード……小さじ1/2
→イライラをなくし心の安定
セント・ジョンズワート……小さじ1/2
→精神安定

作り方
材料をティーポットに入れ、熱湯を注いで、ふたをして4〜5分。熱々よりも少し冷ましてから飲みます。

column

魔女の椅子

　秋の森を歩いていると、落ち葉の下にキノコが顔を出していることがあります。思わぬ発見につい手を出したくなりますが、色鮮やかなものは毒があるから触ってはダメと聞きます。そうでなくても、キノコには恐ろしい毒を含んだものが多く、素人判断で天然のキノコを採るのはとても危険です。キノコの形には、カサがこんもり盛り上がったものや平たいもの、ヒラヒラと手の形みたいなのもあり多様です。大きなものは、木の幹から直角に突き出たように生育する「サルノコシカケ」というキノコがあります。いかにも猿が腰掛けそうで愉快です。イギリスではこのキノコは「魔女の椅子」と呼ばれます。魔女が森でひと休みする様子も楽しい発想です。

128

10.
October

01
02
03
04
05
06
07
08
09
10
11
12
13
14
15
16
17
18
19
20
21
22
23
24
25
26
27
28
29
30
31　サーオインの祭り
　　（魔女の大晦日）、
　　ハロウィン

✳︎ **10月の祭り**
　サーオインの祭り（魔女の大晦日）
　ハロウィン

✳︎ **10月のとっておきのハーブ**
　聖なる魔法草 ヴァーベイン

✳︎ **10月のおいしい魔女のレシピ**
　ソウルケーキ
　パンプキンスープ

✳︎ **10月の魔女の手仕事**
　魔女の帽子作り

✳︎ **10月の魔女のお茶時間**
　ハーブティーをどうぞ

〜季(とき)のことば〜

初霜
冬の訪れの幕開け
時間の断層
魔女の大晦日
先祖の霊

　　魔女の大晦日は、一時的に時間の断層が生まれ、
　　　異界の者たちがこの世にやってきます。
火を灯して先祖の霊を迎え慰め、再び死の世界に帰します。
　　ハロウィンの起源といわれるサーオインの祭りは、
　　　暗くて厳しい冬への幕開けなのです。

✵ 10月の祭り

サーオインの祭り(魔女の大晦日)・ハロウィン

ハロウィンの起源ともいわれるサーオインの祭りは10月31日の真夜中、
古い火が消され新しい火がつけられる魔女たちの大晦日。夜中を境に新年を迎える
大切な日であり、さまざまな不思議が起こる危険な日でもあります。

魔女にとって一年の終わりである10月31日の真夜中、それまで使われていた火が消され、同時に新しい火が灯されます。この祭りで、火はとても重要な意味を持ちます。この日は、ちょうど古代ケルトのコリニーの暦でいうところの「盛りゆく半年」と「衰えゆく半年」の境目に当たるので、たいへん危険な時と考えられています。

この日は、時の外にあって世界の営みが一時的に止まり、現実界と超自然界の境が薄くなり、異界の住人たちが自由にこの世にやってくることができるとされています。先祖があの世から家に帰ってくるため、火を焚いて先祖の霊を招きその霊を慰め、死者を偲び敬います。死者の霊はこうして癒され、招いてくれた家族に祝福を与えて、また死の世界へ帰っていくのです。

火はよい霊だけを招き入れるもの。悪い霊を入れないために、このときの火はとても重要と魔女たちは考えます。戻ってきた先祖のため、はちみつや木の実がたくさん入ったソウルケーキが焼かれます。

陽気な祭りに姿を変えたハロウィンは、もともとは寒くて厳しい冬の幕開け、霊魂や死の世界を感じる厳かなお祭りなのです。

三つの顔を持つ女神

この時期は、魔女の女王「ヘカテー」の三つの顔のひとつ「老婆」の側面であるクロウンの季節でもあります。クロウンは、人々に生命を与える助産婦であり、また一方で死へと導く神聖な境界の守護神でもあります。さらに、生命の糸を紡いで織り、その布を裁断したりもします。そのため、クモとして表されたり、クモの糸を象徴したりもします。命を司るヘカテーのこの時期のクロウンは「鬼ばば」とか「しわくちゃ婆さん」とも呼ばれますが、霊的な力や、死者の世界と現実の世界とを行き来できる力と強く結び付いています。ちなみにヘカテーのほかの二つの顔は、春の時期は「少女」、夏の季節は「母親」の顔となります。この女神の顔は女性の一生と季節が連動しています。

ハロウィンそもそも Halloween

もともと死者の霊を慰める厳かな古代の祭りが、
どのようにして陽気でハチャメチャな現代のハロウィンという祭りになったのでしょう。

「ハロウィン」名前の由来

　ヨーロッパに普及しはじめたキリスト教は、布教を広めるために、現地に古くから伝わるさまざまな祭りをキリスト教に結び付けることにより、キリスト教を受け入れやすくしてきました。

　古代より行われてきた死者の祭りである「サーオイン」もまた、少し形を変えてキリスト教の聖人たちが現世に戻ってくる日「万聖節」となりました。いわゆるハロウィンです。聖人は古代語で「hallo」。つまり、すべてのキリスト教の聖人たちが集まる夜「All Hallow Eve（オール・ハロー・イブ）」、それがなまってハロウィンとなり、聖人をはじめ死者たちの魂があちらの世界からこちらの世界にやってくる記念の日としたのです。これがハロウィンの由来です。

カボチャのランタン「ジャック・オ・ランタン」

　ヨーロッパで「万聖節」、つまりハロウィンとして祝われるようになったキリスト教の祭りは、やがてアメリカに渡り、次第に今のようなスタイルに変わっていったようです。ハロウィンに飾るカボチャをくり抜いた「ジャック・オ・ランタン」は、霊を迎えるためのサーオインの火の名残で、カボチャを使用したのはアメリカが起源といわれます。この時期アメリカは、カボチャの収穫期なので、たくさん採れるカボチャに、ユーモラスな顔型をくり抜いて火を灯し、アメリカ独特の陽気なスタイルができあがったのです。かつて、イギリスではカボャではなく、大根をくりぬいて中に火を灯して霊を慰めるランタンを作ったそう。

　こうして今では私たちにも馴染みとなったハロウィンのカボチャは、元をたどれば魔女の大晦日に死者を迎える慰めの灯火だったのです。

魔女やお化けがやってくる

　言い伝えによると、世界の営みが一時的に止まるという特別な時、ハロウィン。この日は、あの世とこの世の境が薄くなり、あらゆる諸々のものがこちらの世界へやってくるといわれます。それと同時にこちらのものも、あの世へ行きやすくなるので、たいへん危険な時とされます。そのため魔女の大晦日である10月31日の夜は、魔女はもちろん、あの世から死者の霊がお化けとしてやってくるといわれ、アメリカでは魔女やお化けの仮装で賑やかに死者を慰めます。

　ヨーロッパから伝わったこの祭りはアメリカで独自のスタイルができあがり、今ではヨーロッパに逆輸入されて、アメリカンスタイルのハロウィンが広がりつつあります。いずれにしても、この日は魔女やお化けが大活躍できる唯一の祭りとなりました。

ハロウィンキャンディー

　サーオインの祭りでは、古代ヨーロッパの人々は戻ってきた先祖のため、木の実がたくさん入ったはちみつ入りの「ソウルケーキ」を焼いて、先祖の霊を慰めたと伝えられます。子供たちはソウリングといって、家から家へ歌いながらこのケーキをもらい歩いたということで、今日のハロウィンキャンディーの起源といわれます。ハロウィンの夜、子供たちは魔女やお化けの扮装をして「Trick or Treat（ご馳走くれなきゃイタズラするぞ〜）」と言いながら家々をまわり歩きます。このため、各家庭ではキャンディーやクッキーを用意して子供たちに配ります。年に一度、この日ばかりはイタズラしても叱られない日ということになっています。

✻ 10月のとっておきのハーブ

聖なる魔法草 ヴァーベイン
和名／クマツヅラ　学名／*Verbena officinalis*

「魔法」という花言葉を持つヴァーベイン。ヨーロッパ各地で聖なる草として崇められ、さまざまな迷信とともに、古来、薬用として活用されてきました。

ヴァーベインは身体を浄める聖なる草として古くからヨーロッパの幅広い地域で宗教、呪術に関わってきました。濃緑色の葉からは長い花穂が伸び、初夏には薄青い五弁裂唇形の小さな花をつける多年草。漢方では「馬鞭草」（バベンソウ）と呼びます。字の印象から馬を鞭打つ力強い草を想像しますが、実際育ててみると魔法との関わりや、漢字から想像する強烈なイメージとはほど遠く、忘れな草に似た、薄青い花には可憐で楚々とした清々しさを感じます。おそらく漢方名の馬鞭草はヴァーベインという発音からきている音写と想像できます。

ヨーロッパの広い範囲で不思議な力を秘めていると信じられたのは、薬用としてさまざまな病に用いられたからで、その範囲は広く、のどの腫れやイヌ、ヘビの噛み傷、眼病、肝臓病、子宮系婦人病など、幅広く利用されました。紀元一世紀、プリニウスを筆頭に当時の本草学者がこの草の治癒力を説いたのは、病魔を退治する魔法の草と呼ばれるにふさわしい効果があったからに違いありません。

日本でもお茶はハーブ専門店で求められます。

10.

媚薬、愛の草

　ハンガリーの迷信に、「手に傷をつけてヴァーベインの葉をその傷口に詰めれば、どんなに頑丈な錠でも手を触れるだけで、やすやすと開けることができる」というものがあります。また、媚薬の効果も信じられたため、結婚にまつわる伝説も多く、ドイツでは花嫁はこの草のガーランド（花冠）を贈られると幸運と多産が約束されるといい、ほかの地方では、花嫁の花束に加えれば永遠の愛を手に入れることができるとあります。

　花嫁の花といえば、白バラやマートルが花束に利用されますが、そのなかに薄青色のヴァーベインが加わると、花束の意味はより深く、幸せも大きくなるというものです。ちなみに、白バラとマートルは花嫁の純潔と愛の象徴で、花嫁の花と呼ばれます。

軍使が携える和解の証し

　紀元前一千年ごろヨーロッパに定住していた古代人ケルト族のドルイド僧もまた、この植物を霊草として崇め、定められた時期の新月の夜、この草を採取し、占いや魔術、治療に用いました。

ローマ人もまた、敵味方を和解させる特効の草と信じ、軍使がこの草の輪（リース）を持って敵陣へ赴いたときは、すなわち、戦いをなんとか話し合いで解決しようという証しとなります。
　北欧神話では、雷神トールに、ペルシャでは太陽にヴァーベインを捧げ崇めたといいます。
　また、キリスト教では、十字架に架けられたキリストの手の釘を抜いた際、その血が地面に落ちてこの草が生じたと伝えられ、その後「聖なる枝」と呼ばれるようになりました。そのため止血、重篤な負傷をも治癒し、あらゆる邪悪なものから身を守り、不幸を寄せつけないと信じられたのです。

ヴァーベインの使いみち

婦人科系の治療にも効き目があったので、後に魔女と呼ばれた産婆も大いに使用したにちがいありません。

学名Verbena officinalisの、Verbenaは「宗教に使用する枝」、officinalisは「薬用の」という意味があり、古くから魔除けと薬用に使われたことがわかります。

古代より体の熱を取る、解毒、滞った血を散ずる、血流をよくするほか、余分な水分の排出を促す、むくみを取る通経作用、発汗作用、利尿作用が尊ばれ、幅広く用いられてきました。人々の役に立つ薬用効果の高い植物は、ありがたい草として崇められ、宗教儀式やまじないに使われたのもうなずけます。

今日では、この草に含まれる成分の働きにより、血管拡張作用や鎮静作用、炎症抑制作用があることが明らかになりました。また神経系を強化しリラックスさせ、気分を晴れやかにする効果などの抗うつ効果があることから、精神面のケアも注目され、期待されています。

濃いめに抽出したハーブティーは、コップ1杯を1日3回飲むと、頭痛、発熱、月経の遅れによいとされ、そのほか、傷の消毒や洗浄剤に、のどの痛みにはうがい薬として効果があります。ハーブティーとして手軽に利用できるので試してみる価値はありますが、妊娠中は避けたほうがよいでしょう。

✳ 10月のおいしい魔女のレシピ

10月31日は魔女たちの大晦日。先祖がこの世へ戻ってくる日で、
先祖の霊を慰めるため、ソウルケーキと呼ばれるクッキーを焼きます。

ソウルケーキ
ハロウィンの起源にさかのぼるお菓子

材料(12個分)
バター……100g
砂糖……80g
はちみつ……20g
卵……1個
小麦粉……300g
シナモンパウダー……大さじ1
クローブパウダー……小さじ1/2
ナツメグパウダー……小さじ1
レーズン……65g
ナッツ（細かくカット）……30g
牛乳……小さじ2

作り方
①バターをクリーム状に練り、砂糖とはちみつを加えて混ぜ、ほぐした卵を少しずつ混ぜる。
②小麦粉、シナモン、クローブ、ナツメグを❶にふるい入れ、レーズン、ナッツ、牛乳も入れて混ぜる。
③❷の生地を12等分に丸く平らにし天板に並べ、ナイフで十字の飾りをつける。
④180℃に温めておいたオーブンに入れて20分焼く。

10.

パンプキンスープ
炒ったカボチャの種を添えて

材料（3人分）
スライスベーコン……2枚
バター……大さじ1
玉ねぎ（薄くスライス）……1/2個
カボチャ（皮をむいて3cmにカット）
　……3カップ
スープストック……3カップ
白ワイン……大さじ3
ドライタイム……小さじ1/2
塩、こしょう……少々
炒ったカボチャの種……少々

作り方
①ベーコンを細切にして浅めの鍋でカリカリに焼き、脂は残し、ベーコンは取り出す。
②①の鍋にバターを入れ、玉ねぎを弱火で透明になるまで炒め、カボチャを入れて強火で15分かき混ぜながら炒める。
③スープストックを注ぎ、フタをして約20分カボチャが柔らかくなるまで煮る。
④火を止めてワイン、タイム、塩・こしょうを加えて混ぜ、ミキサーにかけてなめらかにしたら鍋に戻す。
⑤ベーコンを加え、さらに2～3分煮て皿に注ぎ、カボチャの種を浮かべてできあがり！

✲10月の魔女の手仕事

ハロウィンの祭りにお手製魔女の帽子をかぶって参加しよう！
ハロウィン本来の意味を知ると、祭りの奥深さがわかります。

魔女の帽子作り
ナチュラルにエレガントに

用意するもの
針と糸
グルーガン

材料（1個分）
厚めの黒いフェルト……1枚（50×90cm）
黒いチュール……1本（7cm×2m）
乾燥した木の実（ドングリ、ナナカマド、
　マツボックリ等、飾りになりそうな実）
　……適量
あれば、ポリエステル ボーン……1本（60cm）
　　　　黒バイアステープ……1本（幅1.8cm）

作り方
①黒いフェルトを図のようにカットする。三角錐をミシンで縫う。
②三角錐とツバの中円をかがり縫いする。その際、三角錐の内側から針を通し出したら、今度はツバの内側から上へ針を出し、下から上へと交互に繰り返しとじる。
③チュールを50cmカットして取りおく。残りのチュールをギャザーを寄せながら❷の縫い目に沿って縫い付ける。
④グルーガンをあたため、木の実（脇の飾り分は取っておく）をバランスよく付けていく。
⑤❸で取りおいたチュールにギャザーを寄せ、右横に縫い付ける。ギャザーの前に残りの木の実をボリュームを持たせて取り付ければできあがり！

＊帽子のツバに張りを待たせたければ、ポリエステルボーンをバイアステープでツバのヘリにミシンで縫い付ける。

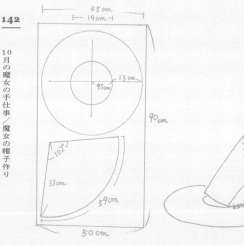

✻10月の魔女のお茶時間

木々間をぬう陽の光はやわらかく、秋の枯葉色はさまざまなコントラストで
あたりを彩ります。お茶がおいしい季節です。

ハーブティーをどうぞ

一杯の温かいお茶は、私たちの心を豊かで幸せな気分に満たしてくれる。
あまり難しく考えず、手軽に飲んでみよう

ハーブティーを淹れるときに気をつけたい点

①ポットとカップは前もって温めておくこと。
②量は1人当りティースプーン3杯が目安。少ないと
おいしくないのと、健康の効果も期待できません。
③葉を入れて熱湯を注いだ後は必ずふたをして蒸らし
ます。ハーブティーは香りも色もさまざまです。魔女
の気分で楽しんでみては？

＊ハーブティーは、どのハーブにも共通して酸化防
止（老化防止）があり、活性酸素を除去する酵素SOD、
便秘などに有効な食物繊維が多く含まれる。日常的に
飲むことで自然に若さと健康を保つことができる。

利用しやすいハーブティー6種

カモミールティー
- 特徴　「大地のリンゴ」の名の通りリンゴを思わせる香り、幼児から老人まで安心のお茶
- 色　薄黄色
- 適応　風邪、腹痛、不眠、ストレス

ミントティー
- 特徴　スーッとした清涼感
- 色　薄黄緑
- 適応　夏バテ、消化不良、偏頭痛、眠気

ローズヒップティー
- 特徴　酸味と赤い色、「ビタミンCの爆弾」と呼ばれる
- 色　真紅
- 適応　便秘、生理不順、ストレス、免疫低下

エルダーフラワーティー
- 特徴　マスカットに似た香り
- 色　黄色
- 適応　風邪、冷房冷え、目の疲れ

ネトルティー
- 特徴　「ミネラルの宝庫」と呼ばれる
- 色　薄黄色
- 適応　アレルギー、花粉症、貧血、催乳、痛風

ブルーマローティー
- 特徴　青いお茶、レモンを入れるとピンクに変色
- 色　青
- 適応　気管支炎、のどの痛み、胃炎

144

01	サーオインの祭り （魔女の正月）
02	
03	
04	
05	
06	
07	
08	
09	
10	
11	
12	
13	
14	
15	
16	
17	
18	
19	
20	
21	
22	
23	
24	
25	
26	
27	
28	
29	
30	

11.

November

✻ **11月の祭り**
　サーオインの祭り（魔女の正月）

✻ **11月のとっておきのハーブ**
　魔女の木 エルダー

✻ **11月のおいしい魔女のレシピ**
　ローズヒップのジャム
　サーフケーキ

✻ **11月の魔女の手仕事**
　キャンドル作り

✻ **11月の魔女のお茶時間**
　風邪に効くハーブティー

〜季(とき)のことば〜

初霜
新しい年
保存食
冬支度
魔女の正月
異界との交流
暗く厳しい冬に突入する時期

きたるべき冬に備えて保存食を作り、冬支度を始める時期。
魔女は家を清め
自分の悪習を断ち切り、自分自身をきれいに
保つことをします。11月1日の真夜中、
新しい火が灯され魔女たちの新年となります。

✳ 11月の祭り

サーオインの祭り(魔女の正月)

いよいよ寒さの到来です。大地は霜で覆われ、葉を落とした樹木の枝は
寒風に黒々と枝を染め、無彩色の景色が広がります。魔女の正月「サーオイン」です。

　11月1日は魔女の元日で、サーオインまたはソーウィンと呼ばれます。サーオインは「初霜」を意味し、暗く厳しい冬に突入することを暗示します。きたるべき冬に備えて家畜を屠殺し、肉を保存用に加工して冬支度を始める日でもあります。そこには一種の暗い影を伴います。魔女たちは家のなかを清め、自分の悪習を断ち切り、自分自身をきれいに保つことを大切とします。10月31日の真夜中、それまで使われていた火が消され、同時に新しい火を灯し、11月1日からが魔女の新年となります。

　また、サーオインは未来を占うのによい時期。夢が生き生きとし実現の兆しを見せ、霊能力の向上をめざすのによい機会です。生と死の、すべての生き物とのつながりを思い起こさせる、生命の本質を考えるのによい時でもあるのです。

　そしてサーオインは、人々の生から死までに関わる女神ヘカテーの時でもあります。ヘカテーは「境界」の守護神であり、生命の糸を紡ぎ織る女神で、霊的な力や、異界とのつながりが強い女神です。

サーオインのまじない

　魔女たちにとっての正月、サーオインの祭りは、先祖の精霊たちが現世に帰りくる神秘的な時であるため、さまざまな占いが行われます。特に、きたるべき新しい年、あるいは未来の運勢を占うのに適した時で、正月の焼き菓子「サーフケーキ」を使った占いをします。

　サーフケーキはオート麦を主材料にしたケーキで、バイキングの時代以前から食べられてきました。「サーフ tharf」とは「イースト菌を入れない」という古い英語の意味があり、サーフケーキには、食べた人の運勢を予言する特別な力があると信じられていました。サーフケーキのかけらを魔女たちは小さなボウルに投げ込んで、ひっくり返したり動かしたりした後、それぞれ自分の皿にあけ、その形を解釈します。

　これは正月のゲームのような意味もあって、魔女たちは一喜一憂して楽しんだにちがいありません。まじないの後、ケーキの屑は小鳥たちに分け与えられます。

〜 サーフケーキを使ったおまじない 〜
〈左が結果 → 暗示〉
ケーキの屑のほとんどが皿の端にのっている→生活のために働かなければならない
ケーキの屑のほとんどが皿の中央――――→必要なものは簡単に手に入る
ほとんどが皿の左側――――――――――→幸運が遠ざかる
ほとんどが皿の右側――――――――――→幸運がやってくる
ほとんどが皿の上側――――――――――→逆境を克服する
ほとんどが皿の下側――――――――――→健康に気をつけなさい
らせん形、曲形、円形―――――――――→貸したお金が戻る
直線、角形―――――――――――――→安定した収入
馬蹄形――――――――――――――――→旅が幸運を運んでくる
動物の形―――――――――――――――→家庭を守りなさい

自分自身を見つめる

　生者の世界と死者の世界との境界に立つ女神「ヘカテー」は、どちらの世界も自由に行き来できる特別な女神です。「境界」に住むことは、すなわち霊的な力が強く、未来を予言できると信じられています。

　また、ヘカテーは偉大な魔術の網目を紡ぎ織る女神でもあります。特にサーオインの時期にはその力が増すといわれ、ヘカテーの力を借りてこの日はいろいろなまじないが行われます。そのなかのひとつ、ヨモギやニワトコなどのハーブの葉を焼いて自分の将来の暗示を得るまじないがあります。「境界の女神ヘカテー、機を織る女神」と呼びかけ、焼いたハーブの薫香を深く吸い込み、自分の進むべき道を訊ねます。何かの暗示が出たらそのことを冬の間深く考え、自身で将来の道を探す手がかりとして答えを見つけます。

　聖なる暦に従って行われる魔女の祭りはすべて、それ独自の意味と魔力を持っています。この時期は、大自然のサイクルと営みが人々に語りかける意味を理解し、自然を観察し、時には自然と一体となって、自分の内部や身のまわりにある自然の力やエネルギーを敬い生かしていきます。

11.

column

蜘蛛の由来

　「魔女の女王」と呼ばれるヘカテーにまつわる薬草の話はギリシャ神話のいろいろな場面に登場します。

　有名なお話をひとつ。若いアラクネーは機織りの名手で、誰もが認めるその技はアテーナー女神から授かったと噂されます。ところが少女はそれを否定し、「誰にも教わっていません。女神さまとだって技比べしても負けるつもりはありません」と豪語します。それを聞いた女神は老婆に姿を変えて、今のうちに女神に許しを乞うよう忠告しますが、少女は聞き入れませんでした。そこでふたりの競技が始まります。美しく見事にできあがった布は甲乙つけ難く、それだけに女神の怒りは抑え難く、少女の布を引き裂いてしまいます。人間の身でありながら、畏れ多くもアテーナー女神に機織りの技を挑んだ少女は魔法の薬を注がれ、たちまち彼女の指は八本の細い脚に変わり、体は丸まって蜘蛛と化します。このときアラクネーに注ぎかけられた薬はヘカテーが作った魔法の草の汁。神々をないがしろにした傲慢な娘は、今でもその罪を背負って細い糸を繰り返し紡いでいるということです。（ギリシャ語で蜘蛛は「アラクネー」という）

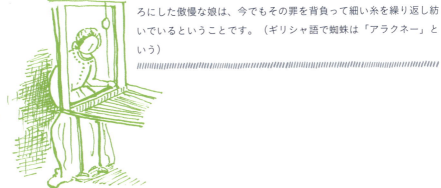

✳ 11月のとっておきのハーブ

魔女の木 エルダー
和名／セイヨウニワトコ　学名／*Sambucus nigra*

魔女と関わりの深い木エルダーは、その木に魔女が住み、
その葉のささやきは魔女の呪文であり、その白い花には美しい娘になるための
秘密が隠されていると伝えられています。

　エルダーは、やわらかな緑の葉を持ち、夏の初めに白い小花を房のようにつけ、秋にはびっしりと黒い実をつける落葉木です。その花の香りはマスカットの香りといわれ、風邪や咳によく効くので、ヨーロッパでは古くより砂糖漬けにしたり、お茶として飲まれています。また、黒い実はジャムやワインにして冬の保存食とします。

　ヨーロッパの人々にとってエルダーは、生活に密着したたいへん身近な植物です。花、実、葉、根、全草が有用なので、家庭の常備薬として広く利用され、「庶民の薬箱」と呼ばれるほどさまざまな疾患に役立ってきました。有用であればあるほどその植物には不思議な力があると信じられ、多くの魔除けやまじないに利用されてきました。日常的には家族の安全と健康を守るため、エルダーの束を戸口や窓辺に吊るしたといわれます。

　イングランドでは、魔女はこの小枝で水をかき混ぜて風雨を起こすと信じられ、エルダーの生の汁を目につければ魔女の呪いが解けると伝えられます。

アンデルセン物語
「エルダー（ニワトコ）おばさん」

　ある男の子が風邪をひいて寝ていると、おかあさんは土瓶に温かいエルダーのお茶を作ります。すると土瓶のふたが持ち上がり、むくむくと真っ白なエルダーの花が咲き出て、とうとう美しく茂ったエルダーの木になります。その木の真ん中に、ひとりの優しいおばさんが座っています。木の下では老夫婦が手をとりあって思い出話をしています。エルダーの木に座っていたおばさんはいつの間にか少女になって、寝ていた男の子とふたりでデンマークの美しい四季を飛びまわります。やがてふたりは結婚し、年老いて、以前見た老夫婦と同じようにエルダーの木の下でひ孫たちに囲まれて思い出話を語ります。

　エルダーの花が季節になると毎年咲くように、平凡だけれど思いやりに満ちた人の営みが繰り返されます。それはひと眠りの美しい夢物語のようですが、延々とつながる輪飾りのように、人の営みも続いていくという普遍の話です。エルダーの花はお湯を注ぐと優しい香りがあたりに漂って、薬効ばかりではなく、心も体も温めてくれる癒しのお茶でもあります。そんなエルダーの花木をアンデルセンは見事なメルヘンに仕上げました。

エルダーの使いみち

多くの伝説や言い伝えが多いエルダーですが、その薬効もさまざまで、風邪をはじめ、冷え性、花粉症、鼻水、結膜炎、美容分野まで幅広く利用されます。

科学が進んだ現在では、エルダーの有効成分であるフラボノイドやペクチン、タンニン、ビタミンCなどが分析され、その効果が単なる言い伝えではないことが証明されています。特に風邪のときには、発汗、保湿、緩和の効果があるので、ひきはじめに、お茶として利用するのが効果的です。結膜炎は抽出液で湿布したり洗眼するとよいので、言い伝えの「汁を眼につけると呪いが解ける」とはこのことかもしれません。肌荒れは、エルダーの花とグリセリンをミキサーで混ぜ合わせたものを、荒れた手につけるとカサカサの肌が見ちがえるようになめらかになるといいます。

イギリスのお話『ハリーポッター』に"ニワトコの花のワイン"が登場しますが、イギリスでは民間療法の風邪薬としてごく普通に役立てられています。花から作られたエルダーフラワーコーディアルは、はちみつなど甘味を加えて飲みやすくされたもので、日本でも市販されています。

爽やかななかにもほんのり苦味があっておいしい飲み物として人気があり、体を温める作用があるため、冷えて寝つけない冬の夜などに重宝します。最近では花粉症の症状を楽にするということで注目をあびています。

エルダーの精霊

　古くからヨーロッパの人々と深い関わりがあり、生活に密着してきたエルダーの木。デンマークの人々はエルダーの木に「ヒュールマーン」という木の精が住んでいると考え、木を切るときは彼女の許しを乞わなければなりませんでした。木の精に呼びかけ、供物を捧げ、しかるべき儀式を済ませたのちに、やっと切ることが許されたのです。古代ギリシャ、ローマの人々もまた、この木に「ドリアーデ」というおばさんが座っていると信じ、英国人はエルダーの木の精を「レディー・エルホーン」と呼び、この木を傷つけた者には必ず復讐の魔法がかけられると信じました。それは、エルダーの木の守護神が、三つの顔を持つ女神「ヘカテー」の老婆の顔クロウンだからです。クロウンは地下世界、内なる神秘の入り口を見張る女神で冥界と関わりが深いため、この木を切ることはそれなりのリスクを背負うということなのでしょう。それは有用植物を容易に伐採しないための古人の知恵と、アニミズム的自然への畏怖の気持ちからきていると思われます。

✳︎ 11月のおいしい魔女のレシピ

ピレネー山脈に伝わる魔女の赤いジャム。ビタミンCたっぷりの
滋養豊かなローズヒップジャムは、魔女の朝ごはんに欠かせません。

ローズヒップのジャム

甘酸っぱくておいしい！　冷蔵庫で2週間以内に食べ切りましょう

材料（6人分）
ローズヒップ（ドライ）……100g
プルーン（ドライ・種無し）……80g
砂糖……40g
はちみつ……1/2カップ
赤ワイン……1/4カップ
レモン汁……小さじ2
水……2カップ

作り方
①ローズヒップは前もって水に40分ほど浸しておく。プルーンは細かく切っておく。
②鍋にローズヒップを戻し汁ごと入れ、沸騰したら中火で5分煮て、弱火にしてプルーンを入れ、ゆっくりかき混ぜながら20分ほど煮る。
③材料がやわらかくなったら、砂糖を入れ、よくかき混ぜて全体にならし、はちみつ、さらにワインを入れて焦げないように鍋底までかき混ぜ、弱火のまま10分煮て火を止める。最後にレモン汁をかけ混ぜ、なじませたらできあがり！

Point　焦げないように
目を離さずゆっくりと。
トーストにつけて、
またヨーグルトのトッピングに
ミントの葉を添えて。

サーフケーキ

魔女の正月「サーオインの祭り」に食され、
正月の占いにも使われる、古来の焼き菓子

材料（大きめ8個分）

バター……115g
小麦粉……115g
オート麦……115g
砂糖……50g
オールスパイス……小さじ1
リンゴ……50g（細く刻む）

作り方

①バターはボウルに入れクリーム状に練り、小麦粉をふるい入れ、よく混ぜる。
②リンゴ以外の材料を入れてさらに混ぜ、最後にリンゴを入れてサックリ混ぜる。
③生地をちぎって平らに丸め180℃に温めておいたオーブンで20分焼き、できあがり！

✻11月の魔女の手仕事

魔女の正月「サーオインの祭り」に欠かせない大切な火。
新しい年を迎える聖なる香りのキャンドルを作ってみましょう。

キャンドル作り
悪霊を払うフランキンセンスの精油を入れて

材料（1本分）
ビーワックス（ミツロウ）……100g
フランキンセンスの精油……10cc
キャンドル・ウィック（キャンドルの芯）
　……15cm
座金……1個
トイレットペーパーの芯……1個
開いて洗った牛乳パック……1個
割箸

作り方
①ビーワックスを鍋に入れ70℃に温める。フランキンセンスの精油を入れる。
②キャンドル・ウィックを、溶かした❶にさっとくぐらせる。
③座金の下から❷をホールに通し、ペンチで座金の口を強くつぶして固定する。
④開いた牛乳パックの上にトイレットペーパーの芯を立て❸を芯の中心に置き、キャンドル・ウィックの先を上に出し、❶を1cmくらい流して固めて固定する。
⑤キャンドル・ウィックの先端を割箸で押さえて中心がずれないようにする。
⑥少しずつ❶をトイレットペーパーの芯のなかに流し固める。
⑦固まったらキャンドル・ウィックの先端をちょうどよい長さにハサミでカットする。ティッシュペーパーの芯を外し、できあがり！

＊①で入れる精油はなるべく⑥に流し入れる直前に入れる。その方が香りが逃げない。

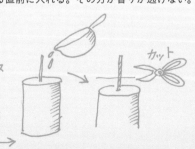

✶11月の魔女のお茶時間

気温が下がり空気が乾燥してくると風邪をひきやすくなります。
風邪かな…と思ったら、市販の薬を飲む前にハーブティーを試してみてはいかがでしょう。

風邪に効くハーブティー

エルダーフラワー……身体を温め風邪の不快な症状を緩和
カモミール……消炎、鎮痛作用で風邪の症状と身体の痛みを緩和
ローズヒップ……ビタミンC補給
エキナセア……免疫力アップ

作り方
上記ドライハーブを各小さじ1杯（1人分）ポットに入れ、熱湯を注ぎ、ふたをして4分蒸らします。温めておいたカップに注いでできあがり！

＊飲む前に湯気を鼻から深く吸って、鼻筋を暖かく湿らせるのは、風邪のときには、心地よいものです。ひと口ずつゆっくりと飲んで香りや味、色を楽しみながら…。身体いっぱい広がる癒しの感覚を堪能し、身体が温まったところでベッドへ…。快眠効果もあるのでよく眠れ、次の日は風邪の症状も緩和して楽になっているはずです。

column

魔女の力

魔女の新年。新しい計画はありますか？　何か新しいことを始めるってワクワクします。でも、いざ始めるといろいろな問題が出てきて、くじけそうになりますね。そんなとき、ふらりとやってきて、草花の話や動物、読んでいる本の話などして帰っていく友達って嬉しい。自分もそんな人でいられるでしょうか。さまざまなことに折り合いをつけながら、ひとつのことを成し遂げられるのが本物の魔女の本当の力ですが、それを支える友達も魔女の力となります。

01
02
03
04
05
06
07
08
09
10
11
12
13
14
15
16
17
18
19
20
21 ユールの祭り、冬至の日※
22
23
24
25
26
27
28
29
30
31

12.
December

161

※冬至の日は年によって異なります。

✳︎ **１２月の祭り**
　　ユールの祭り
　　冬至の日

✳︎ **１２月のとっておきのハーブ**
　　不思議な伝説を持つ クリスマスローズ

✳︎ **１２月のおいしい魔女のレシピ**
　　クリスマスプディング
　　ユールドールクッキー

✳︎ **１２月の魔女の手仕事**
　　魔除けのリース

✳︎ **１２月の魔女のお茶時間**
　　ミルク酒

〜季<ruby>のことば<rt>とき</rt></ruby>〜

光
希望
約束
冬至
かがり火
冬を鎮める
冬の星座
ユールの祭り

魔女たちは闇の世界に分け入り、
己のなかの可能性を探し出す時と考えます。
この時期、夢は深くなり、秘められた己の力を探求します。

✤ 12月の祭り

ユールの祭り・冬至の日

寒さが一段と厳しくなるこの時期、外的活動は徐々に少なくなっていきます。
外の世界は眠りに入ろうとする時、
それと対比して精神は活発に自分自身の探究へと向かいます。

昼間がいちばん短い日「冬至」に祝われるのが「ユールの祭り」です。ユールとは「車輪」という意味の古代ノルド語（古代ゲルマン語）に由来し、その祭りの歴史は古く、イングランド、スコットランド、ウェールズ、アイルランドにある有史以前の石碑からも冬至が重要な儀式であったことが推測できます。車輪は太陽を表すシンボルとして、太陽神と関連付けられました。車輪の放射状は太陽を連想させ、太陽が空を渡る運行のようすをイメージさせます。日照時間が一年でいちばん短いこの日、太陽を元気づけ、この日から徐々に力が強まることを祝うのがユールの祭りです。この日を境に昼間が長くなっていくので、魔女たちは冬至を「太陽の回帰」と考え、光、希望、約束の祭りと考えています。

キリスト教は光が復活するこの時期12月25日をキリスト誕生の日と定め、異教徒の真冬の祭りと重ね合わせることで、キリスト教に人々が馴染みやすくしたといわれます。光の祭りではあっても、この時点では太陽のエネルギーはまだ弱々しく、魔女たちは、長くてわびしい冬の夜を明るくしようと皆で集まり、神々の

復活劇を演じます。ユール・ロックの大きな薪が燃され、太陽の復活、春の再生と豊穣を願います。

ユール・ロック

起源は古く、ユール（車輪）という言葉が表すとおり、太陽（車輪）が廻って再び輝かしい季節がめぐってくるように願いを込めて、冬至に燃やされる薪のことです。古代には神聖な木、オークの薪を燃やして太陽の復活を願ったそうです。

北欧を中心に伝わる古代のユール・ロックの習慣は、のちにヨーロッパに普及したキリスト教にも取り入れられ、クリスマスの夜を彩るものとなりました。クリスマスに作られる薪の形をしたケーキ「ブッシュドノエル」にその名残が見られます。

自己の探究

この時期、魔女の世界では、闇のなかに分け入り、自分自身のなかに眠っている可能性を探し出すチャンスと考えます。季節の周期に自らを調和させながら深く瞑想し、創造的な潜在能力を働かせ、自分自身の夢にじっくりと目を向ける時なのです。夢はこの時期に深くなり、豊かに生き生きとしてくるからです。また、身のまわりのものに注意を向け、月の軌道、冬の星座や惑星の輝く位置を記録する時期でもあります。

自分のなかに秘められている力に深く思いを寄せ、探求します。

✲12月のとっておきのハーブ

不思議な伝説を持つ クリスマスローズ

和名／セツブンソウ　学名／*Helleborus niger*　＊毒性の強いハーブです。

クリスマスの時期に美しく花を咲かせることが名前の由来です。
花が少ないこの時期に咲く純白な花には、さまざまな言い伝えがあります。

　冬、濃緑色の細長い葉の間から比較的大ぶりの白い五弁の花を咲かせる多年生の植物です。多くの植物が枯れているこの時期、青々とした葉と花をつける不思議な植物として数多くの伝説があります。
　ヨーロッパでは、古くから薬用として広く栽培され、精神病やうつ病、ヒステリーに使われました。フランスの古い言い伝えでは、占い師は姿を見られないで敵陣を通り抜けるときは、道々この草の粉を空中に振り撒きながら通ったといわれます。またギリシャ神話「オデュッセイア」で、魔女キルケーの魔法を解く草「モーリュ」はクリスマスローズだったと解釈する説もあります。それはモーリュの記載に花はミルクのように白く根は黒いとあるためですが、これについては諸説あるので本当のところはわかりません。
　キリスト教によると、初めてこの花が咲いたのは天国の花園で、天使たちによって大切に育てられ、アダ

12.

ムとイブが天国を追われる際に、神から許しを得てこの花を地上に持ち出したといわれています。そんなわけで、クリスマスローズは神の愛と慈悲の印ということになっています。

クリスマスローズの使いみち

　数々の伝説と言い伝え、迷信の多いハーブではありますが、昔の医療では麻酔薬として、そのほか、下剤や嘔吐剤として用いられ、堕胎薬としても使われたそうです。しかし、その結果は喜ばしいものばかりではなかったそう。それは、作用が強く、植物全体が有毒なので、悲劇的な結末もあったといわれています。

　また、家畜の薬としても使用され、風邪のほか、体内に毒が入った家畜の耳にクリスマスローズから抽出された液を垂らすと治ると信じられてきました。

　今日では心臓、神経病の治療に用いられることがあっても、毒性の強いハーブです。素人療法は危険とみなされていますので、観賞用にとどめておきましょう。最近では園芸品種として数多く改良され、白だけに限らず、薄いピンクやワインレッド、緑色など多彩で、花が少ない冬場にはとても重宝され、ガーデンの彩りを賑やかに楽しむことができます。

✷ 12月のおいしい魔女のレシピ

ヨーロッパ中世にさかのぼる、歴史あるクリスマスのお菓子です。
少し時間はかかるけれど、材料を混ぜて蒸すだけの簡単なケーキです。

クリスマスプディング

古くは、コインや指抜きを入れて切り分け、来年の運を占ったそう

材料（5人分）

- 小麦粉……120g
- パン粉……50g
- 卵……2個
- アーモンドスライス……100g
- リンゴ……1個（刻む）
- レーズン……450g
- 砂糖漬けフルーツ……50g（乱切り）
- シナモンパウダー……大さじ2
- ブランデー……少々
- ブラウンシュガー……120g
- ラード……110g
- レモン汁……小さじ2
- 黒ビール……30ml
- バター……適量

作り方

① バター以外のすべての材料をボウルに入れて混ぜる。
② プディング型にバターを塗る。
③ ❶を入れて、パラフィン紙をかぶせる。
④ その上にフキンをのせ、しっかりヒモなどでしばる。
⑤ ❹を蒸し器に入れ、5時間弱火で蒸す。

ユールドールクッキー

ジンジャーたっぷり、クリスマスの伝統焼き菓子

材料（12枚分）

小麦粉……200g
バター……100g
ブラウンシュガー……50g
はちみつ……20g
溶き卵……1個
シナモン……小さじ2
ナツメグ……小さじ1
ジンジャーパウダー……大さじ1
塩……少々
小粒のレーズン……50g
　（飾り分を少し取っておく）
オレンジピール……50g
　（飾り分を残して刻む）
レモン……1/4個
　（皮ごと細かく刻む）

作り方

①ボウルにバターを入れてよく練って、ブラウンシュガー、はちみつを入れてさらに練り、溶き卵を少しずつ入れてかき混ぜる。
②小麦粉、シナモン、ナツメグ、ジンジャーパウダーをふるい入れ、塩も入れてよく混ぜてから、レーズン、オレンジピール、レモンを入れて練る。
③生地を平らに1cmくらいの厚さに伸ばし、人形型で抜く。
④ユールドールの伝統的形は、両腕は胸かおなかに当てるので、そのように形を整え、目と鼻はレーズンで、笑った口元はオレンジで作り、170℃に温めておいたオーブンで10〜12分焼いてできがり！

Point ジンジャー風味を強調したい場合は、生しょうがをすりおろして加える！

✵12月の魔女の手仕事

クリスマスリースは、古代、魔除けとして飾った薬草の輪飾りの名残り。
入手しやすい魔除けのハーブでリースを作ってみましょう。

魔除けのリース
家族の健康と幸福を願って

材料（径20cmのリース1ヶ分）

1. セージ……約10本を2束
   →清めと健康
2. ルー……約8本を2束
   →魔除けと解毒
3. ローズマリー……約12本を2束
   →長寿と永遠
4. ラベンダー……約50本を2束
   →幸せな家庭

リース台……円形のもの（直径18cm）
ワイヤー……26番（26cm）を10本
リボン……50cm

作り方

① 1〜4のそれぞれのハーブを7cmにカットしワイヤーで束ねる。各2束ずつ作る。
② ❶をリース台に図のように天になる部分を4cmだけあけて上から束が重なるように留めていく。
③ リボンをワイヤー（30cm）で形作る。
④ リースの中央にリボンをバランスよく付ける。

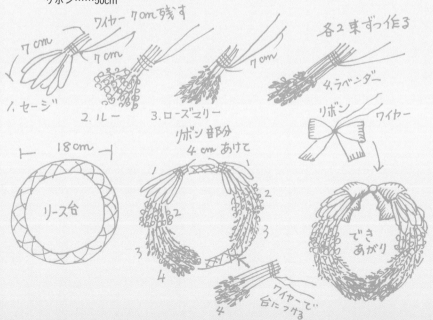

✳12月の魔女のお茶時間

クリスマスに飲む甘いお酒で、中世にさかのぼる歴史ある飲み物。
飲むというより、スプーンですくって口に入れる濃厚なものです。

ミルク酒
フルーツ風味の甘いお酒

材料（4〜5人分）
牛乳……2カップ
ウォッカ……2カップ
砂糖……2カップ
ナツメグ……小さじ2
オレンジ……2個（皮ごと乱切り）
レモン……1個（皮ごと乱切り）

作り方
ビンに材料すべてを入れて、ざっとかき混ぜ、冷暗所に10日間おき（1日1回はかき混ぜるかビンをゆする）、10日経ったら、水切りざるにガーゼを敷いてボウルの上にのせ、ビンの中身を出して濾せば、できあがり！

column

煙突

　12月25日はキリスト生誕の日。その夜に活躍するのがサンタクロースです。真夜中、サンタクロースは煙突から家に忍び込み、子供たちに贈り物を置いていきます。中世の絵によれば、4月「ヴァルプルギスの夜」に煙突から空に飛び立つもうひとりの姿＝魔女を見ることができます。キリスト教が目の敵にした魔女は、不思議にもサンタクロースと同じ煙突から出入りしているのです。もしかしたら煙突は現実世界と、もうひとつの世界をつなぐ特別な通路だったのでしょうか。

おまけに

キッチンウィッチ（＝台所の魔女）

　ちょっと耳慣れない言葉かもしれませんが、「キッチンウィッチ」というのは、ヨーロッパやアメリカで古くから家のお守りとして台所に下げる魔女人形のことです。

　家族の健康を守ってほしい。火事を出しませんように。あるいは、料理上手になれますように。そんな願いも込められていたにちがいありません。

　ヨーロッパ各地で見るキッチンウィッチは、それぞれのお国柄や地域性、さらに作り手の個性もあって、その容姿はさまざまです。

　イギリスには、アップルドールと呼ばれるキッチンウィッチがあります。萎びた（しな）リンゴを糸でくくって顔を作り、胴体に布をかぶせた簡単なものですが、いかにも手作り感のある素朴さが、そこに込めた祈りや願いを感じさせます。

　ドイツでは、ほのぼのとした木彫りのものから、恐ろしい形相のゴム製魔女、錫（すず）に着色した繊細で美しいキッチンウィッチがあり、大きめのスカーフをかぶっているものが大半で、とんがり三角帽子は少数派です。チェコの魔女人形はしっかりした顔立ちで、力強い生命力を感じるものが多く、服装は質素で動物の毛皮やロープを巻きつけた山の生活者風です。ほとんどが操り人形で、店の奥に工房があり、職人さんが作っているのを見せてくれたり、ショーウィンドウの前に立ち止まっていると、店の人が糸を操って動かして見せてくれることもあります。スペインは華やかなものが多く、衣装も豪華でとんがり帽子をかぶったキッチンウィッチが多かったと感じました。

　どの国の魔女人形も個性的でパワフル、どんなに怖い顔をしていても、なぜかほっとする温かさを感じます。その温かさこそがキッチンウィッチが長い歴史のなかで、ヨーロッパの人々に愛されてきた証のような気がしてなりません。

著者もキッチンウィッチを作っていますが、ヨーロッパの人々が見た魔女とはどういうものだったのか…、歴史的には暗い過去を背負わされた魔女とは何なのか…、それらを踏まえて私なりに想像をふくらませ、魔女の持つパワーと怪しさを、よりポエジーに、また一種ユーモラスな面を引き出し表現しています。魔女たちが、実は、自然と共生し薬草を上手に使っていた知恵ある女性たちであったことを伝えたいと考えています。そして、今でもヨーロッパの人々が家の守り神として愛し続けているキッチンウィッチの本当の意味に思いを馳せます。

魔女人形キッチンウィッチが日本の台所にも飾られて、豊かで健康的な生活をもたらすハーブと、魔女が醸し出すちょっぴり愉快な雰囲気を一緒に楽しんでもらいたいと思うのです。

＊グリーンサムは「キッチンウィッチ」の商標登録を取得。商標登録　第4492839号

小さな魔女の店

横浜・元町の一角に著者の店、魔女とハーブの専門店「グリーンサム」があります。

創業30数年、緑色の扉上にある看板魔女もかなりの貫禄です。

店にはいろいろなお客様がみえます。魔女が大好きという方、前世は魔女でしたという方…、そういうときの皆さんは、とても嬉しそうで誇らしげなのが印象的です。魔女を肯定的に、魅力的な存在としてとらえている証拠でしょう。

魔女の暗い歴史も含めその実体は捉え難いものかもしれませんが、魔女の存在意味は深く、誰の心のなかにもあると私は信じています。

普段の生活で魔女についてあまり語り合うことはないかもしれませんが、たまには日常から少し離れて、別の世界で心を開放する場があってもよいのではないでしょうか。グリーンサムがそんな場であれば嬉しいです。

お客様が店を出られる前に、時折、こんな質問を受けます。
「あなたは魔女ですか？」
「……」

本物の魔女は決して自分から「魔女です」とは言わないそうです。

＊

ハーブと魔女グッズの専門店　グリーンサム
〒231-0861　神奈川県横浜市中区元町 1-37
green-thumb.co.jp
営業時間／ 11:00 〜 19:00　定休日／月・火曜

　　　　　　あ と が き

　　　　ささやかな一書ではありますが、
　魔女の世界の楽しさをほんの少しだけでも感じてもらえたことと思います。
　　　　それは今までの魔女のイメージとは違う一面であって、
　　　だからこそ魔女の世界がどんなに奥深く多様で謎めいているか
　　　　　　想像してもらえたのではないでしょうか。
　　　　　　本書は30数年前、著者が開業した
　　魔女とハーブの専門店「グリーンサム」の開店時から発行している
　　　　　『魔女通信』を掘り下げ、書き足したものです。
　　　小著をきっかけに、少しでも多くの方たちが魔女に興味を持ち、
　　　　　もっと知りたいと思ってもらえたら幸いです。

　　　　　　　　　　　　　　　飯島都陽子

参 考 文 献

『図説　金枝篇』サー・ジェームズ・ジョージ・フレーザー著　内田昭一郎、吉岡晶子訳（東京書籍）

『アンデルセンの生涯』山室静著（社会思想社）

『アンデルセン童話集』ハンス・クリスチャン・アンデルセン著　大畑末吉訳（岩波書店）

『グリム童話集』W.グリム、J.グリム著　金田鬼一訳（岩波書店）

『英米文学植物民俗誌』加藤憲市著（冨山房）

『ギリシャ神話』呉茂一著（新潮社）

『ギリシャ神話集』ヒュギーヌス著　松田治、青山照男訳（講談社）

『ホメーロスのオデュッセイア物語』バーバラ・レオニ・ピカード作　高杉一郎訳（岩波書店）

『北欧神話と伝説』グレンベック著　山室静訳（新潮社）

『花の神話学』多田智満子著（白水社）

『図説ケルトの歴史－文化・美術・神話をよむ（ふくろうの本）』鶴岡真弓、松村一男著（河出書房新社）

『ケルト神話・伝説事典』ミランダ.J.グリーン著　井村君江監訳　渡辺充子、大橋篤子、北川佳奈訳（東京書籍）

『ケルトの神話・伝説』フランク・ディレイニー著　鶴岡真弓訳（創元社）

『ケルト人』クリスチアーヌ・エリュエール著　鶴岡真弓監修（創元社）

『「ケルト神話」がわかる』森瀬繚、静川龍宗著（ソフトバンククリエイティブ）

『ケルトの木の知恵』ジェーン・ギフォード著　井村君江監訳　倉嶋雅人訳（東京書籍）

『魔女』ミシュレ著　篠田浩一郎訳（現代思潮社）

『魔女の文明史』安田喜憲編（八坂書房）

『魔女の目でみた暮らしと経済』松田宣子著（ドメス出版）

『世界文化地理大系 ドイツ』（平凡社）

『古ヨーロッパの神々』マリア・ギンブタス著　鶴岡真弓訳（言叢社）

『プリニウス博物誌』大槻真一郎編集（八坂書房）

『聖ヒルデガルトの医学と自然学』ヒルデガルト・フォン・ビンゲン著　プリシラ・トループ訳
井村宏次監訳　聖ヒルデガルト研究会訳（ビイイング・ネット・プレス）

『ウィッチクラフト』鏡リュウジ著（柏書房）

『ファウスト』ゲーテ著　池内紀訳（集英社）

『博物図鑑ライブラリー』ウッドヴィル著　福屋正修、山中雅也解説（八坂書房）

『花の文化史』春山行夫著（講談社）

『グリーンマン』ウィリアム・アンダーソン著　C.ヒックス写真　板倉克子訳（河出書房新社）

『中世の祝祭 伝説・神話・起源』フィリップ・ヴァルテール著　渡邉浩司、渡邉裕美子訳（原書房）

『ヨーロッパの祝祭典』マドレーヌ.P.コズマン著　加藤恭子、山田敏子訳（原書房）

『THE SPELL BIBLE』Ann-Marie Gallagher（Walking Stick Press）

『LAVENDER』Joanna Sheen（DORLING KINDERSLEY LTD）

『HERBS』Lesley Bremness Dorling Kindersly（DORLING KINDERSLEY LTD）

飯島都陽子 ✳ Iijima Toyoko

テキスタイルデザインの仕事を経て、1985年横浜元町に
ハーブと魔女の専門店「グリーンサム」開業。1993年ダ・
カーポ/榊原政敏作曲「ヴァルプルギスの夜」作詞（榊原
広子共同）。1997年倉敷チボリパーク「魔女の家」商品企
画・デザイン担当。2002年古川総合ヨーガ講師資格取得。
2006〜2008年横浜「牙狼画廊」にて「魔女たちの手仕事
展」立案・出品。朝日カルチャーセンター講師、講演、テ
レビ、雑誌取材多数。

Staff

装丁・本文デザイン／三上祥子（Vaa）

校閲／戸羽一郎

編集／宇川 静、藤盛瑶子（山と渓谷社）

魔女の 12ヵ月

2016年11月20日　初版第1刷発行
2017年 3月30日　初版第2刷発行

著　者　飯島都陽子
発行人　川崎深雪
発行所　株式会社 山と渓谷社
　　　　〒101-0051　東京都千代田区神田神保町1丁目105番地
　　　　http://www.yamakei.co.jp/
　　　　■商品に関するお問合せ先
　　　　　山と渓谷社カスタマーセンター　TEL03-6837-5018
　　　　■書店・取次様からのお問合せ先
　　　　　山と渓谷社受注センター　TEL03-6744-1919／FAX03-6744-1927
印刷・製本　大日本印刷株式会社

＊定価はカバーに表示してあります。
＊乱丁・落丁などの不良品は、送料当社負担でお取り替えいたします。
＊本書の一部あるいは全部を無断で複写・転写することは、著作権者および発行所の権利の侵害となります。
　あらかじめ小社までご連絡ください。

Copyright ©2016 Iijima Toyoko All rights reserved.
Printed in Japan
ISBN978-4-635-81012-8